京都の食文化

JN043384

◉四季を彩る和菓子

老松

花びら餅

ひちぎり
(写真・宮下直樹)

水無月

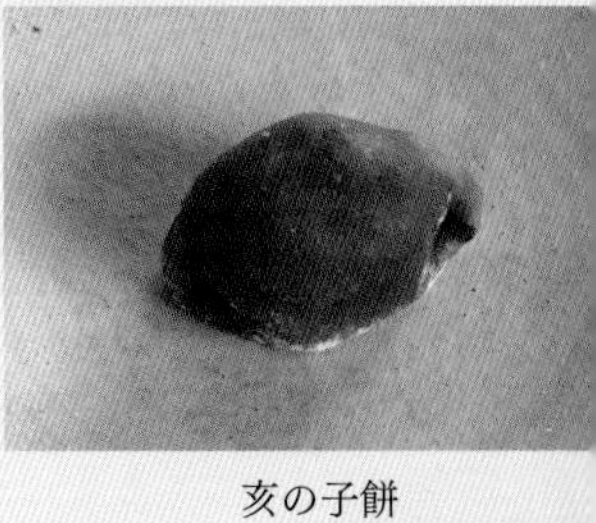

亥の子餅

亀屋良永「大原路」

花あやめ（春）

夏の雲（夏）

月あかり（秋）

芽吹く（冬）

緑寿庵清水　金平糖製造の工房

◉多彩な京野菜

①聖護院カブ
②鹿ヶ谷カボチャ
③聖護院ダイコン
④壬生菜
⑤九条ネギ

（写真・①④⑤京都市産業観光局農林振興室農林企画課、②安楽寺）

◉さまざまな魅力と それを支える人びと

マダム紅蘭の「賀茂茄子と海老、烏賊の唐辛子炒め」
（写真・マダム紅蘭）

進々堂京大北門前店（写真・津久井珠美）

樋口農園の振り売り（写真・樋口農園）

中公新書 2721

佐藤洋一郎著

京都の食文化

歴史と風土がはぐくんだ「美味しい街」

中央公論新社刊

はじめに

京都といえば、日本を代表する伝統文化の街であり、そのことは食文化についてもあてはまる。このことに異議を唱える人は少ないだろう。けれども、京都の食文化とは何かと問われて的確に語ることができる人は京都にも少ない。一〇〇〇年以上の歴史を持つ有名料理屋がいくつもあり、またその主人たちが書いた本もあって、そこはさすがと思う。たしかに、京都は、「精進《しょうじん》料理」「懐石《かいせき》料理」、それに結婚式の三々九度などにその痕跡《こんせき》を残す「本膳《ほんぜん》料理」など、さまざまな和食の体系を生んだ街、そしていまもその文化の発信地である。

いっぽうで京都は、イタリアンの街でもあり、またパン食の盛んな街でもある。おばんざいといわれる庶民の日々の食もある。ぶぶづけと呼ばれる「茶漬け」の文化もある。おばんざいもぶぶづけも、どちらも「しまり屋」の食文化といってよい。

いったい京の食文化とはどのようなものなのか。本書ではこの問題を取り上げる。そして、あらかじめわたしの答えを書いてしまうと、京都の食文化の特徴を作ったのは次の三つであると思う。ひとつは、良質な水が地下水としてふんだんに利用できたこと。二つ目は街が盆地に立地し、山、川の食材が入手しやすかったこと。そして三つ目はその盆地が適当なサイズで周囲から隔離され、そこに暮らし、なりわいを営む人同士の関係が世代を越えて続いてきたこと。

ところで京都人はそれほど外食しない。食に関しては、どちらかといえば控えめで財布のひもも固い。京都は伝統的には、着るものに金を使う「着倒れ」の街でもあった。西陣《にしじん》などの着物産業が隆盛を極めたのも、そのことを如実に反映している。「食い倒れ」の街は大阪のほうであった。このことは京の食をめぐる大きな誤解のひとつである。

もうひとつ、京都の食文化に関する誤解で多いのは、そこが食材の宝庫だというものである。たしかに、京都には古くから多くの食材が集められた。食材を集めるための街道が一〇〇〇年以上も前から整備され、全国の津々浦々の産物が集められた。そう、京都は都であり、あらゆるものが集められたのである。京都産の食材などほとんどなかったといって過言ではない。なぜ、何もない京都に多種多様なものが集まったか。ひとつには京都が東西日本の境界線上に近いという地理的な特性によっている。そしてもうひとつが、京都が人、モノ、情報を集積してきた、まさに「都」であり続けてきたことにある。

ところで、「京都」あるいは「京」といった場合、それは地図上のどこをさすのだろうか。京都府の全域だろうか。あるいは行政区の京都市だろうか。それとも、市内の中心部、いわゆる洛中《らくちゅう》と呼ばれる狭い範囲だろうか。京都、または京の語は、京都でもあいまいに使われている。ＮＨＫテレビの夕方の情報番組「京いちにち」は京都府民向けの番組である。いっぽう「ＪＲ東海《とうかい》」のキャンペーン、「そうだ　京都、行こう。」のサイトに挙げられている観光名所などのほとんどは京都市内とその周辺に限られている。本書でも、「京都」、「京」の語を使うときはあえてあいまいなままに使っている。厳密に定義することがそれほど意味あることとも思えないし、必要があるときはその都度お断りをすればよいと考えた。

また、本書では「京都人」の語を使った。この語も、先の文脈からは府民とも市民ともとれるのだが、本書ではもっとあいまいな、「京」に住み暮らす人びと、くらいの意味で使おうと思う。いつから京都に住んでいるのか、何歳まで京都にいたのかなどを厳密にいうのではなくて、あくまでイメージとしての京の人びと、くらいの意味である。大阪人、東京人の語もほぼ同じ文脈で使っている。違いをことさらに際立たせて「差別」をしようという意図はまったくないことはお断りしておく。

ちなみに、わたしは京都人ではない。生まれも、育ちも、京都の外である。ただ、食べることや料理することが好きで、かつもともとフィールドワーカーであるわたしにとって、京都の街は格好のフィールドになってきた。生粋の京都人からみれば――そのような人がどれくらいいるかはわからないが――なんでそのような人物が京の食文化を語るのか、といぶかしく思うにちがいない。けれども、京都人でないからこそみえること、語れることがあると思う。むろん、わたしの誤解や知らざることも多い。それらの点についてはご容赦をいただき、ご指摘をいただければと思う。

目次

はじめに　i

第1章　京の風土　1

「夏暑く冬寒い街」　1

京都はなぜ暑い？　夏の暑さと祇園祭
夏の京都の食　比叡おろし
京の冬の料理

水の京都　17

京都の川　右京の川　京盆地の水
水でできている京の食

盆地にできた街　27

京都盆地の地理学　日本列島の「東西」
東山、西山、北山　山の京都　サトイモ
山椒　クズ（葛）とワラビ（蕨）　柚子

川魚の街　47
川魚　川魚料理屋　コイと鯉揚げ
フナズシ
京都盆地の閉じた循環　55
京の野　もうひとつの循環

第2章　京都と京都人——59

「先の大戦は応仁の乱」　59
京都人　被災の街、京都　神社仏閣
京の米と酒　65
京都の米　酒と麹　京の酒蔵と造酢
京都人は「しまり屋」　72
外食しない京都人　ぶぶづけの言説
商業と家内工業の街——洛中　77
洛中の構造——丸竹夷　西陣の家内工業と食文化
大衆食堂の系譜　おばんざいの文化

洛外——京野菜の風土 87
洛外と野菜　山の京都の日常の料理
野菜と山菜
京都人の買い物——洛中と洛外をつなぐ 94
流通と振り売り　錦市場
市内に残る商店街
パン食とコーヒーの街、京都 101
京都人はパン好きか？　コーヒーと喫茶文化
学生の街、京都　京都のラーメン
京都の中華
京の比較食文化論 116
あこがれと羨望　縄文文化と京都
京都と大阪の比較文化学　京都人と『京都ぎらい』

第3章　公家の流儀、武家の暮らし——129

食と季節 129

暦の上の約束事　季節と季節感
季節感を演出する　季節と連帯意識
京の行事と食
京料理とは何か　143
京料理と五体系　京料理のエッセンス
公家の料理、武家の料理　146
公家の料理　武家の料理
精進料理　152
禅寺と精進料理　流行だったか、精進料理
精進食としてのダイズ　京の味噌
京の納豆　卵と鶏肉
お茶の京都　165
茶樹と茶葉の生産　茶文化の街、京都
京の菓子　170
京の和菓子文化と和菓子店　甘みは何から来たのか
茶菓子　砂糖渡来　京の豆菓子

餡と小倉餡

第4章　京の求心力と京ブランド——185
京の料理店　185
京の名前がブランド　料理店の文化
客が決める料理店の水準
鯖街道　194
京の海魚　塩鯖と鯖寿司
昆布の道と北前船
京野菜というブランド　200
京野菜とは？　京野菜、市民権を得る
料理屋と農家の交流　京野菜を守るということ
伝統行事が守る京野菜たち　京のトウガラシ
京のネギ　京の漬物

第5章　京の食文化——その未来——221

京の食の行方 221
空洞化する京の食　京の食を守れ
観光と食 226
観光客であふれる京の街　観光客の食
ポストコロナの京の食 231
災害の世紀来る　コロナ禍
仕出し文化の復活を　京の非常食
京都の食文化はどこへゆくのか
おわりに 242
参考文献 246

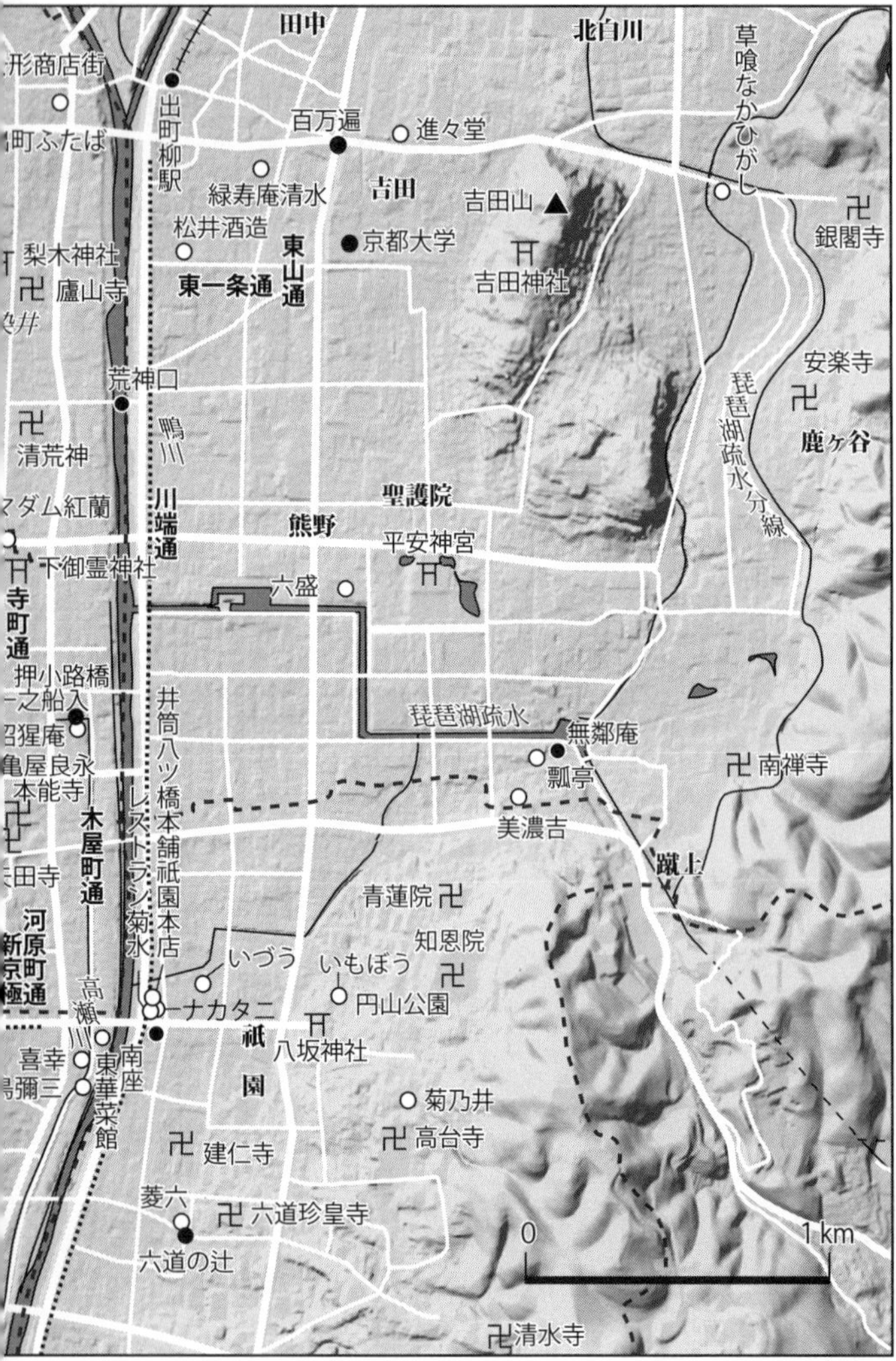
田中
北白川
草喰なかひがし
形商店街
出町柳駅
百万遍
進々堂
町ふたば
緑寿庵清水
吉田
吉田山
銀閣寺
松井酒造
京都大学
梨木神社
東山通
東一条通
吉田神社
廬山寺
荒神口
安楽寺
琵琶湖疏水分線
鴨川
清荒神
鹿ヶ谷
聖護院
マダム紅蘭
川端通
熊野
平安神宮
下御霊神社
六盛
寺町通
押小路橋
一之船入
招猩庵
琵琶湖疏水
無鄰庵
亀屋良永
南禅寺
本能寺
瓢亭
井筒八ツ橋本舗祇園本店
レストラン菊水
美濃吉
木屋町通
蹴上
田寺
青蓮院
河原町通
新京極通
知恩院
いづう
いもぼう
高瀬川
ナカタニ
円山公園
祇園
八坂神社
喜幸
南座
東華菜館
彌三
菊乃井
高台寺
建仁寺
菱六
六道珍皇寺
0
1 km
六道の辻
清水寺

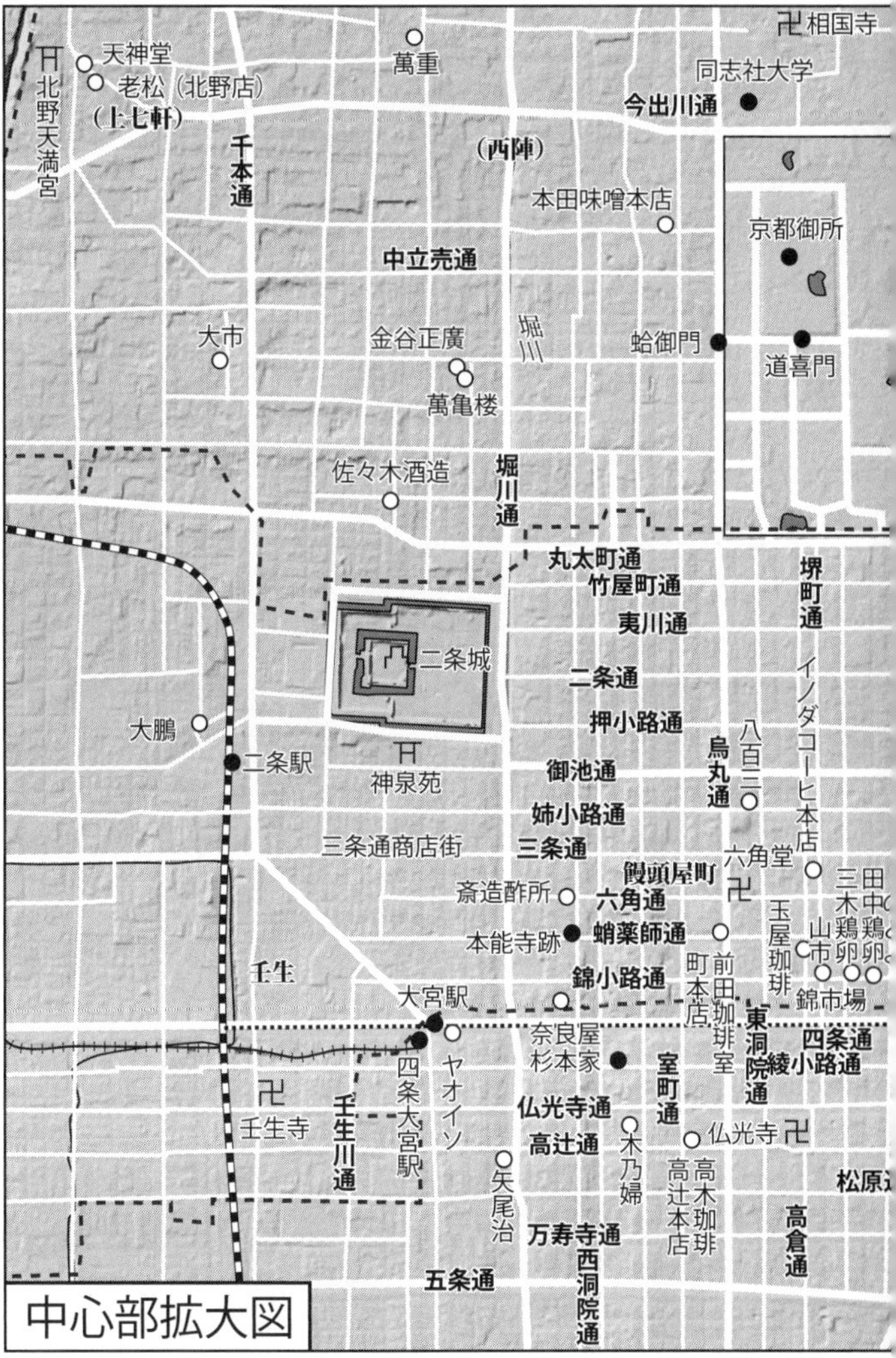
中心部拡大図
相国寺
同志社大学
今出川通
天神堂
老松（北野店）
（上七軒）
北野天満宮
萬重
千本通
（西陣）
本田味噌本店
京都御所
中立売通
堀川
大市
金谷正廣
萬亀楼
蛤御門
道喜門
佐々木酒造
堀川通
丸太町通
竹屋町通
夷川通
堺町通
二条城
二条通
押小路通
大鵬
二条駅
神泉苑
御池通
烏丸通
八百三
イノダコーヒ本店
姉小路通
三条通商店街
三条通
六角堂
饅頭屋町
斎造酢所
六角通
三木鶏卵
田中鶏卵
本能寺跡
蛸薬師通
玉屋珈琲
山市
前田珈琲室
町本店
壬生
錦小路通
錦市場
大宮駅
奈良屋杉本家
東洞院通
四条通
綾小路通
ヤオイソ
四条大宮駅
室町通
壬生寺
壬生川通
仏光寺通
木乃婦
仏光寺
高辻通
矢尾治
高辻本店
高木珈琲
松原通
万寿寺通
高倉通
五条通
西洞院通

上賀茂神社
葵家
上賀茂
キャピタル東洋亭
ノートルダム女子大学
川端道喜
修学院
平八茶屋
鷹峯
玄琢
神馬堂
北山通
賀茂川
北山駅
府立植物園
京都府立大学
京都工芸繊維大学
今宮神社
一文字屋和輔
かざり屋
曼殊院
北大路通
大徳寺
紫野
下鴨
高野川
佛教大学
本家磯田
蓮台野
船岡山
藤原食品
上御霊神社
下鴨神社
白川通
鞍楽ハウディ
ゑびす屋
加兵衛
下鴨茶寮
田中
北野天満宮
今出川通
相国寺
出町柳駅
北野
銀閣寺
吉田山
御土居
京都御所
京都大学
法然院
大文字送り火
(如意ヶ岳)
堀川通
二条城
二条通
平安神宮
西大路通
神泉苑
南禅寺
鴨川
六角堂
青蓮院
壬生
八坂神社
高台寺
建仁寺
清水寺
鳥辺野
西本願寺
東本願寺
角屋
(島原)
豊国神社
道楽
龍谷大学
亀屋陸奥
新日吉神宮
山科
東寺
八条通
京都駅
万寿寺
東山トンネル
九条通
東福寺

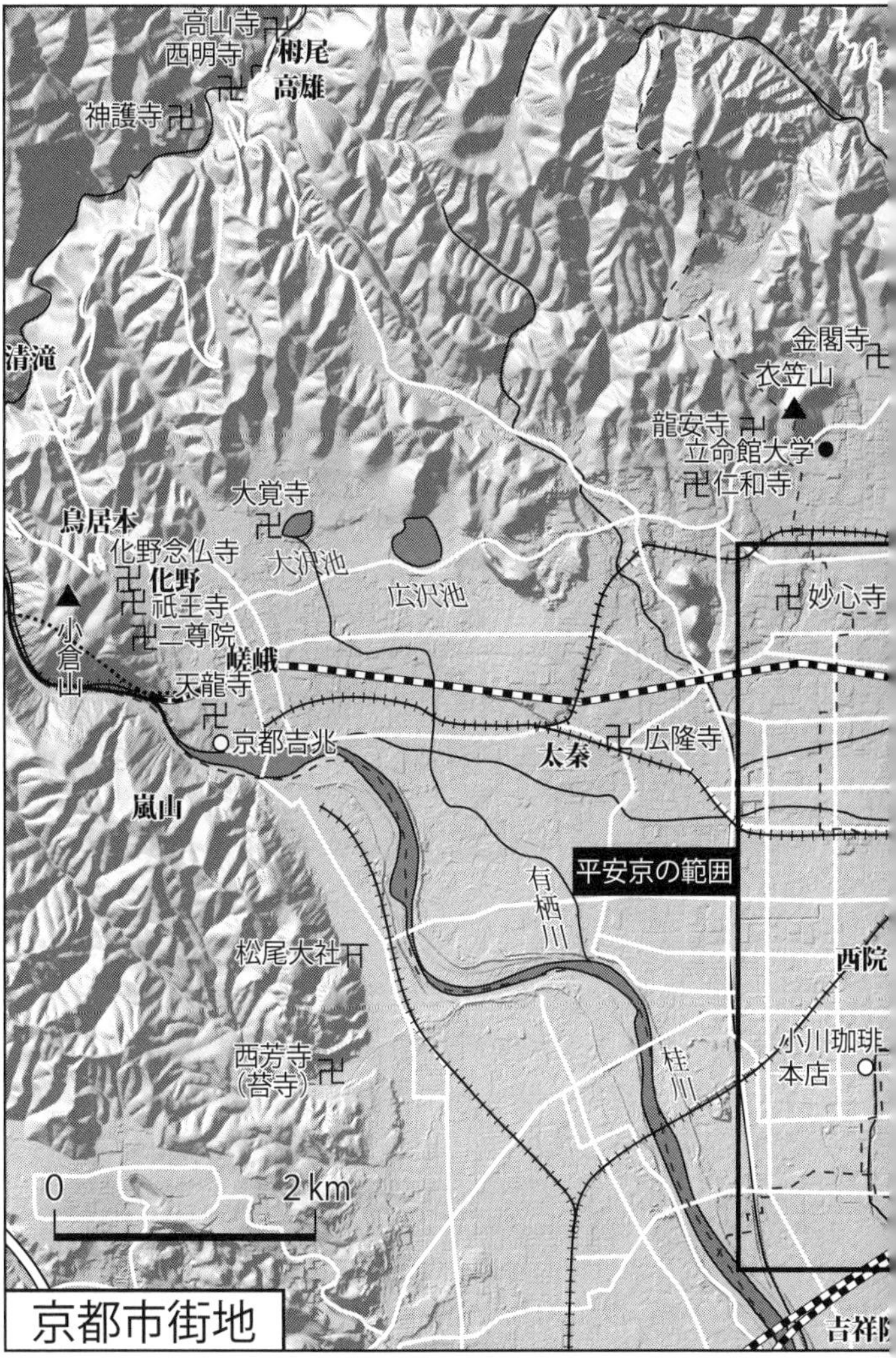
高山寺
西明寺
栂尾
高雄
神護寺
清滝
金閣寺
衣笠山
龍安寺
立命館大学
仁和寺
大覚寺
鳥居本
化野念仏寺
大沢池
広沢池
化野
祇王寺
二尊院
妙心寺
小倉山
嵯峨
天龍寺
京都吉兆
太秦
広隆寺
嵐山
平安京の範囲
有栖川
松尾大社
西院
西芳寺
(苔寺)
桂川
小川珈琲
本店
0
2 km
京都市街地
吉祥

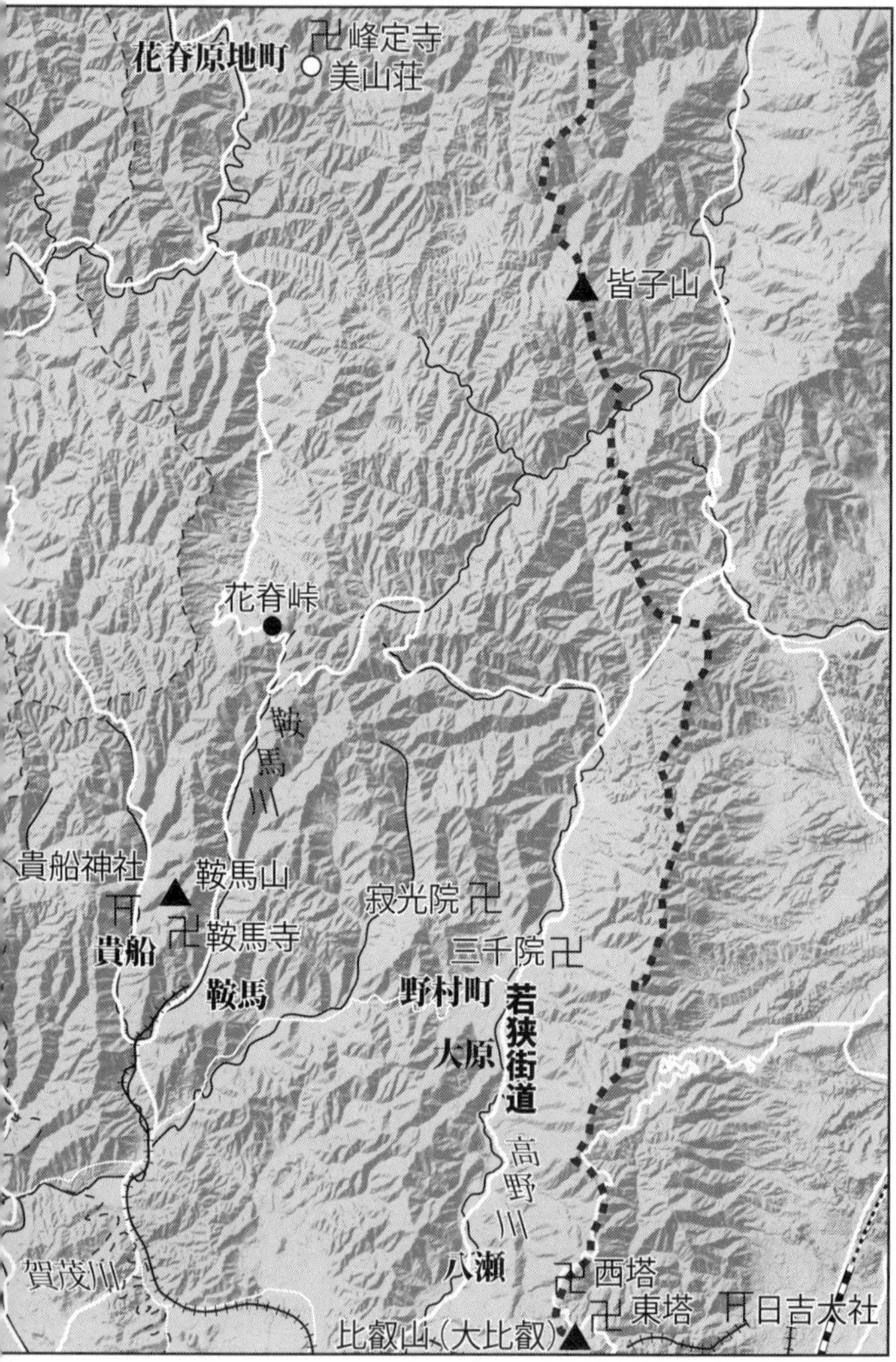

峰定寺
花脊原地町
美山荘
皆子山
花脊峠
鞍馬川
貴船神社
鞍馬山
寂光院
鞍馬寺
貴船
三千院
鞍馬
野村町
若狭街道
大原
高野川
八瀬
西塔
賀茂川
東塔
日吉大社
比叡山（大比叡）

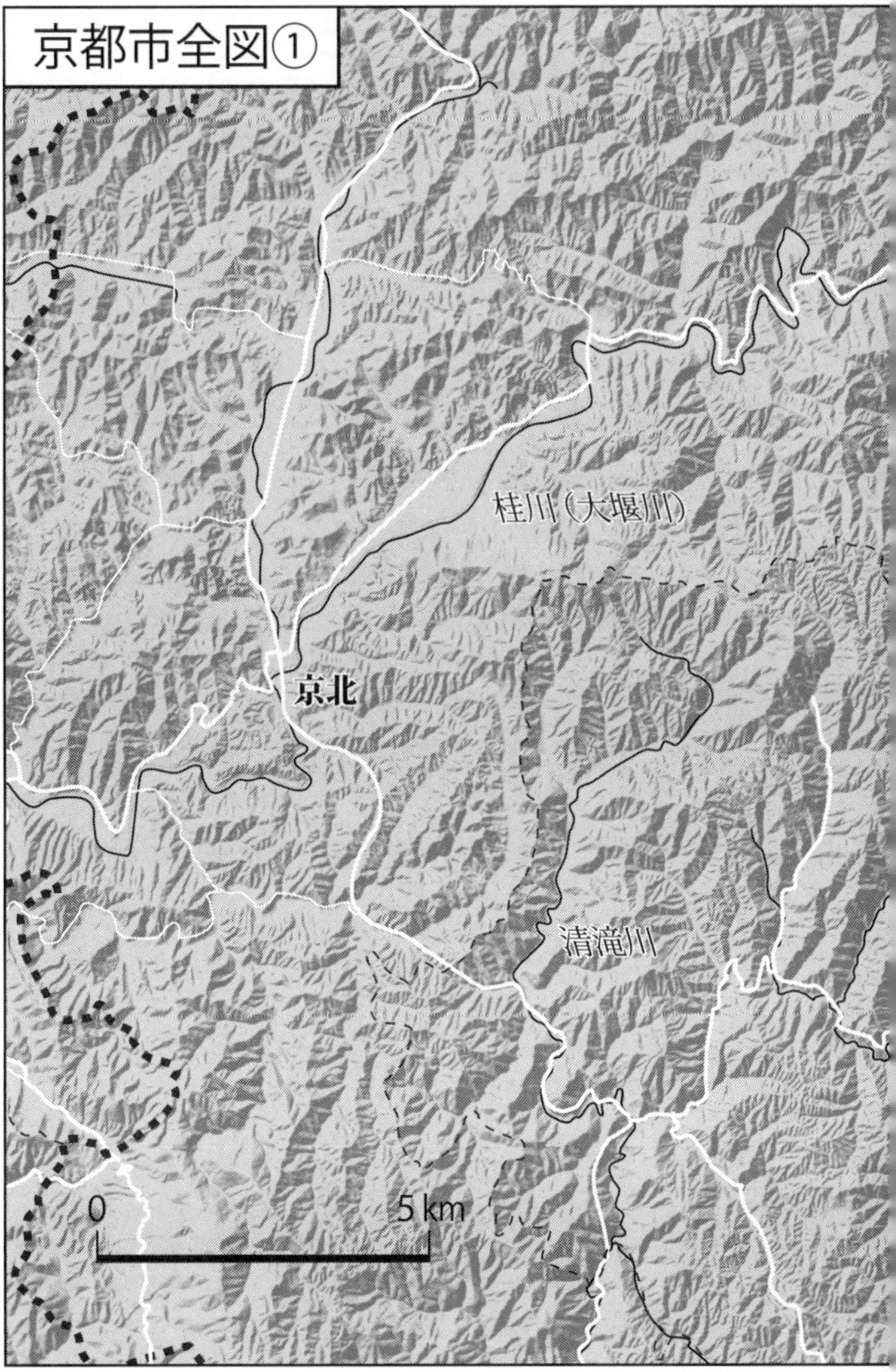
京都市全図①
桂川（大堰川）
京北
清滝川
0
5 km

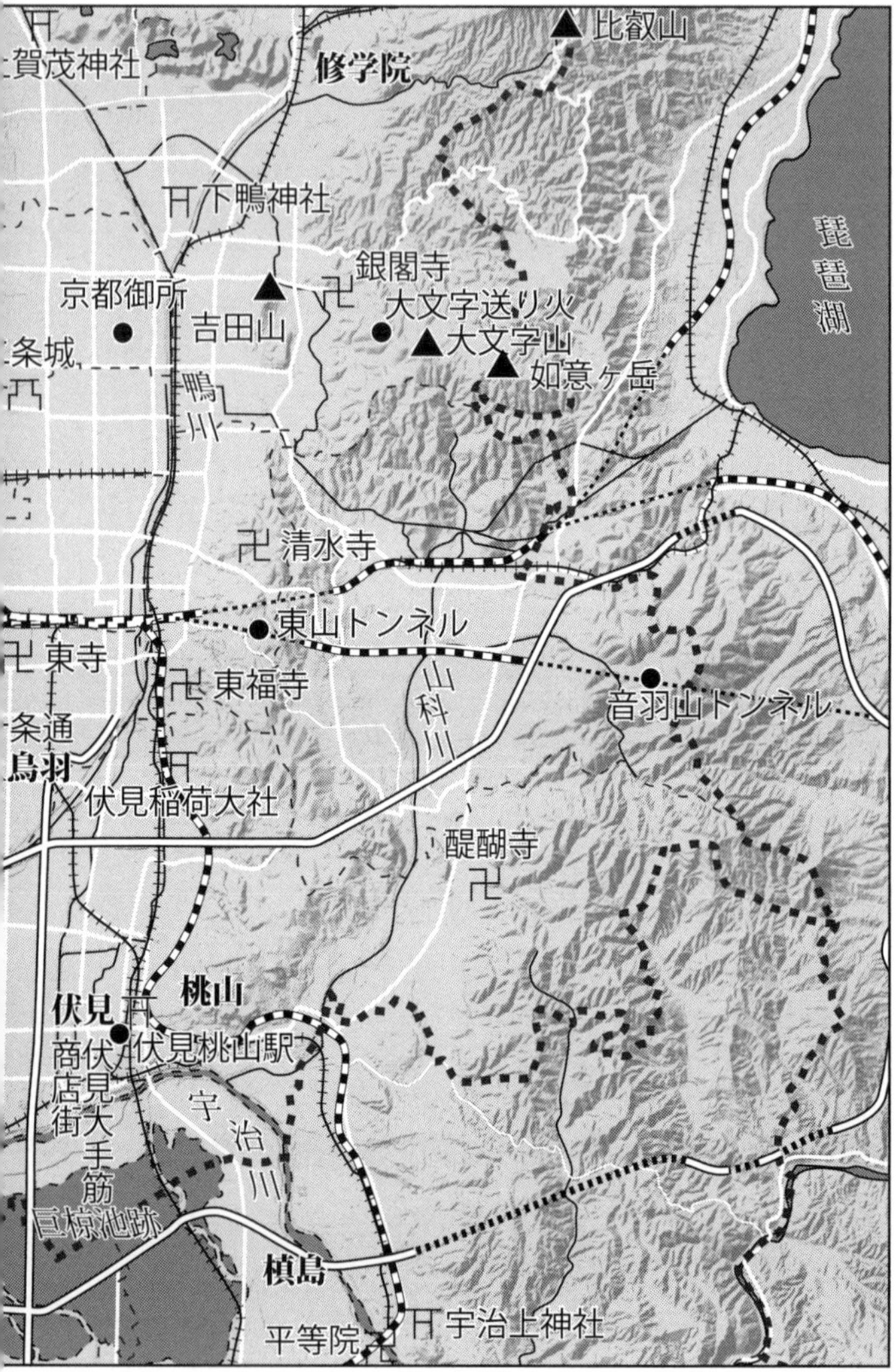
比叡山
賀茂神社
修学院
下鴨神社
銀閣寺
京都御所
吉田山
大文字送り火
大文字山
如意ヶ岳
条城
鴨川
琵琶湖
清水寺
東山トンネル
東寺
東福寺
山科川
音羽山トンネル
条通
鳥羽
伏見稲荷大社
醍醐寺
桃山
伏見
伏見桃山駅
伏見大手筋商店街
宇治川
巨椋池跡
槙島
宇治上神社
平等院

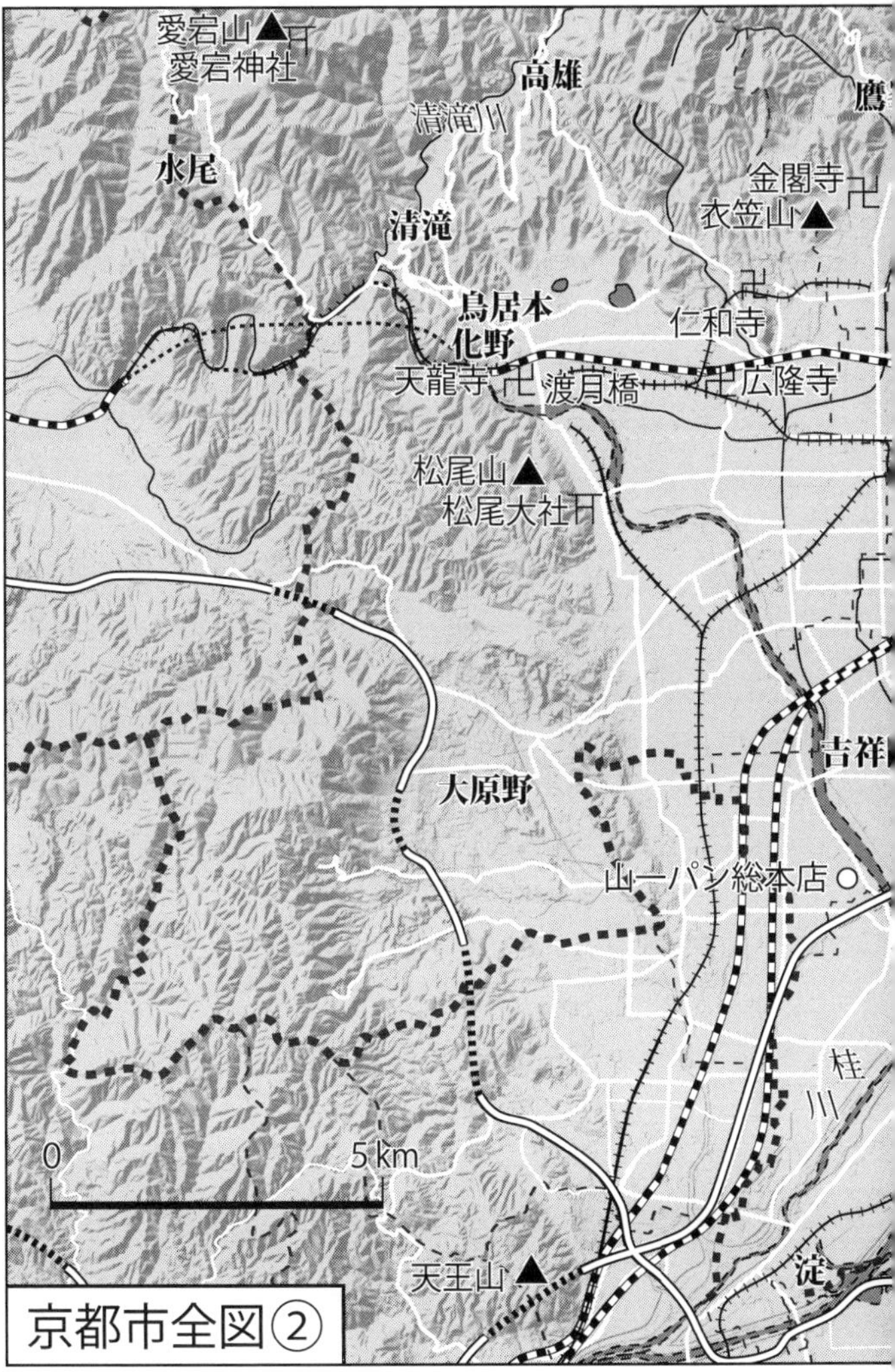

愛宕山
愛宕神社
高雄
清滝川
鷹
水尾
金閣寺
衣笠山
清滝
鳥居本
仁和寺
化野
天龍寺
渡月橋
広隆寺
松尾山
松尾大社
吉祥
大原野
山一パン総本店
桂川
0
5 km
天王山
淀

京都市全図②

図版制作・関根美有
口絵デザイン・中央公論新社デザイン室

第1章　京の風土

「夏暑く冬寒い街」

京都はなぜ暑い？

京都に住んでいる、というと、

「なんとうらやましい」

とか、

「いいですねえ、京都ですか」

などという人が結構いらっしゃる。

あまり面と向かって否定するのも気が引けるので黙ってはいる。ときには、

「いや、遊びで訪ねるにはよい街でしょうが、住むのは結構大変で」

と本心をいうのだが、なかなか納得してもらえない。謙遜《けんそん》してそういっているかに思われるようだ。だが「住むには大変」というのは、住人にはそのとおりの感想なのだ。ひとつの理由はいわずと知れた「観光公害」である。二〇二〇年（令和二年）に入ってすぐ世界を混乱に陥れた新型コロナウイルス感染症で観光客の足はぱたっと止まったが、いっときはひどいものだった。交通機関の混雑、旅行者のキャリーバッグのコマ音や大声での会話、飲食店の荒廃などなど。加えて京都の街全体がテーマパーク化し、市民の日常生活までが見学の対象にされた。旅行者たちは、それが自分たちの権利であるかのように、人びとの生活にまで容赦なくカメラを向けたのだ。市民からすれば自分たちの日々の暮らしが、見世物小屋にひっぱりだされたようなものだった。それなのに行政はそのような訴えには耳を貸さず、ひたすら「おもてなし」をいったのだった。

けれど、観光公害がやってくるはるか前から、京都は住みにくい街であった。まず、夏の暑さだ。東京にいると、夏暑いのは熊谷《くまがや》、鴻巣《こうのす》、館林《たてばやし》など、北関東の平野にある街の名前が思い起こされる。天気予報を担当する気象予報士のなかには、全国放送であることを忘れて「今日の関東は暑かった」などと感想を述べる人もいて、その「東京目線」にちょっといらっとくることもあるのだが、全国には名だたる暑い街がまだいくつもある。名古屋圏では名古屋、多治見《たじみ》、岐阜など、関西圏では豊岡《とよおか》（兵庫県）や枚方《ひらかた》（大阪府）などがそうである。九州では大分県の日田《ひた》なども暑い。そして京都は、「日本一暑い街」に負けず劣らず暑い街である。ちなみに、二〇一八年（平成三十年）の夏には、京都は最高気温三七度超えの日――わたしはこれを酷暑日と呼んでいる――が一三日続いた記録がある（七月一四日〜二六日）。さらにこの年は八月にも酷暑日が九日あった。

しかしなぜに京都の夏はこうも暑いのだろうか。このことには、京都の地形が深く関係しているらしい。まず、京都は盆地にある。盆地ではどこでも昼間の気温は平野部よりも高くなる。さらに盆地には一四〇万もの人が暮らしている。加えて風が吹かない。無風のところに太陽がじりじり照りつけ、しかも湿度が高いので蒸し暑い。じっとしていても汗がにじみ出し、不快なことこの上ない。

まだある。京都の場合、盆地の南側が開いていて大阪平野へと続いている。この大阪平野から暑い空気が流れ込んでくる。京都盆地への入り口の、一番狭くなったところにあるのが天下分け目の天王山《てんのうざん》（標高二七〇メートル）で、狭く開いた口の真ん中を淀川《よどがわ》が流れている。

夏の日、朝日が昇ったころから陸地は熱せられて上昇気流ができる。比較的気温が低い海側が局所的には高気圧となり、空気は海から陸へと吹きはじめる。海風がそれである。大阪湾で生まれた海風は大阪平野の都市に温められながら淀川に沿って北上し、昼前には京都盆地に達する。この暖かい空気が盆地内でさらに熱せられるので、京都の夏は暑くなると考える研究者もいる。

盆地にある京都では、狭いところに建物が密集してきた。そうでなくとも狭い土地なのに、その一角を広大な御所《ごしょ》や聚楽第《じゅらくだい》、さらには社寺の敷地が占めていた。市民の土地はますます狭くなった。豊臣秀吉《とよとみひでよし》のころには、税は道に面する間口の広さで決まっていたので、どの家も間口を狭く、細長い家を作ったとされる。その名残りか、京都には間口の狭い建物が多い。「うなぎの寝床」といわれる建物だが、暑さへの対策はよくとられていたようだ。細長い敷地をやりくりして坪庭《つぼにわ》（中庭）を設け、風通しと日当たりを確保する。坪庭があることで空気が動き、わずかばかりの涼が得られる。夕方になれば表の道路に水を打つ。打ち水である。これで気温が少しは下がる。こうした工夫がなければ、京の街なかはとても暑くて、暮らしづらかったのである。

夏の暑さと祇園祭

京都は祭りの多い街である。もちろん、街の歴史の長さがこのことに関係している。社寺の多さも、祭りの多さに関係している。

街の東の端、東山《ひがしやま》の山すそにある八坂《やさか》神社。この神社を本拠とする祭りのひとつに「祇園《ぎおん》祭《まつり》」がある。祭りの主催者は、八坂神社と町衆の二者である。一般には町衆がおこなう、山や鉾《ほこ》が立てられる行事がよく知られるが、もともとは「祇園御霊会《ぎおんごりょうえ》」といわれる八坂神社の祭礼であった。祇園祭は、七月いっぱいをかけておこなわれる宗教行事なのである。そのおこりは平安時代にさかのぼる。当時はやった伝染病を終息させ、また死者の魂をしずめるために

鱧　骨切りした鱧（上）と鱧の落とし（写真下・京都市メディア支援センター）

始まったものらしい。祇園祭の歴史などその詳細は多くの良書があるのでそれに譲るとして、ここでは祇園祭とそれにまつわる食について書いておこうと思う。

祭りは夏の一番暑い盛りにおこなわれる。食中毒も、いまでいう熱中症も心配な時期である。その祇園祭と切っても切り離せない食材が鱧《はも》。外見はアナゴにも似た魚だが、なにしろ生命力が強い。水揚げされてから半日くらいなら生きているともいわれ、それゆえに大阪で水揚げされ京都にまで運ぶことができた、とされている。

鱧は白身の魚で、あっさりとした食感を持つ。暑さにやられ食欲も失《う》せた身体はしつこいものを受け付けなくなっている。鱧が重用される理由のひとつは、この味わいにある。夏に食える白身の魚、それが鱧だった。

ただ、鱧には食するうえでの決定的な欠点があった。無数の小骨である。アナゴのように中骨を取ればそれで食べられるような代物ではない。しかし京都では、そんな鱧でも食べるしかなかった、というので、その細かな骨を切る「骨切り」という技ができたのだといわれる。背で開き、中骨を抜いた鱧の身を、皮を下にしてまな板の上におき、専用の庖丁《ほうちょう》で皮一枚を残して背筋に垂直に庖丁を入れる。残された小骨は細かく切り刻んでしまえ、ということなのだ。

骨切りでは庖丁目の間隔がいのちだ。この間隔が粗いと骨片が舌に触り料理を台無しにしてしまう。腕のよい職人は一寸（三・〇三センチメートル）に二四本もの庖丁目を入れるのだそうだ。骨切りは技の結集であるから、職人にとっても腕のみせどころのひとつである。客の座るカウンターの前で骨切りが始まると、客たちも話をやめ、箸《はし》を休めてその作業に見入る。シャキッ、シャキッというリズミカルな音を聞いているとそれだけでよだれが出そうになる。

最近は京や大阪以外にも鱧を出す店が現れた。骨切りは関西の料理人にしかできないと思っていたが、最近ではきれいに骨切りする店が東京にもみられるようになった。東京でも有数の飲食店街を持つ神楽坂《かぐらざか》にあるカジュアルフレンチの店で鱧のマリネを食べたことがあるが、骨切りは見事であった。

鱧の料理の代表は、なんといっても「落とし」である。骨切りした鱧の身を二～三センチ幅に切ったものをさっと茹《ゆ》でて氷水にとっただけの簡単なものだが、脂っこさや生臭さのまったくない、じつに上品な一品である。

京都で鱧を食べるようになったのは、ほかに魚がなかったからだという話もあるが、それは疑わしい。なぜなら、鱧は大阪でもよく食べられる。そしてその大阪でも、鱧は同じように骨切りされる。大阪は伝統的に、魚、とくに白身魚のうまい街でもある。その大阪人が食べるのだから、鱧は「鱧しかなかった」のではなく、骨切りの手間をかけてでも食べたいほどうまい魚だったからに相違ない。

なお、落としの食べ方は大阪と京都で多少違っている。大阪人はこれを、溶き辛子を加えた酢味噌《すみそ》（辛子酢味噌）で食べることが多いが、京都人は梅干しを少量の酒やだし（出汁《だし》）で溶いた梅肉《ばいにく》で食べることが多い。辛子酢味噌にせよ梅肉にせよ、胃にやさしく、かつ適度の刺激が食欲を増進させるものと思われる。

鴨川の床

夏の京都の食

京都の夏の風物詩のひとつに、二条《にじょう》から五《ご》条《じょう》あたりの鴨川《かもがわ》右岸に夏の間だけ営業する「床《ゆか》」がある。正式には「鴨川納涼床」という。段丘の上に立つ飲食店が川側に床を伸ばしている。営業は夏だけだが、床自体は作りつけになっている。川面との高低差は五メートルほどもあるだろうか。それだけに床の上は風通しがよくて涼しく、開放感がある。如意ヶ岳《にょいがたけ》の「大」の字も比叡山《ひえいざん》もよくみえる。営業期間はだいたい五月の連休ころから九月のお彼岸のころまでで、それ以外の季節は休業である。屋根がないので雨が降ると店じまいで、桟敷にいたお客たちは部屋に避難する。つまり、桟敷のない時期は室内で、そして夏季には桟敷で営業するようになっている。ジャンルは以前はもっぱら会席料理、いわゆる京会席の店ばかりだったが、最近はタイ料理や中華料理などの店も出てきている。

床は、一九世紀以来京都の夏の風物詩のひとつとなっている。京都の夏は暑い。不快だ。夏の後半ともなれば食欲も失せるほどに、暑さが身体に堪《こた》える。いまは冷房の発達でそれほどでもなくなったが、冷房などなかった半世紀ほど前までは、日が沈んだあとでさえ暑くて室内にいることなどできなかった。人びとが涼を求めた場所のひとつが鴨川の河川敷であった。

京都の夏を代表する食をもう一つ二つ紹介しておきたい。東山の山麓《さんろく》にある安楽寺《あんらくじ》で毎年七月二五日に催される「カボチャ供養」である。この日にカボチャを食べるとその年は中風（脳血管障害）にならないといういわれがあるのだという。供養の日には檀家《だんか》の人びとが多く集まり、調理をしたり来客にふるまったりしている。

興味深いのは、この供養でふるまわれるカボチャが「鹿ケ谷《ししがたに》カボチャ」と呼ばれる品種のものだという点である。鹿ケ谷カボチャはヒョウタンの果実のようなくびれのある独特な形をしている（口絵）。

安楽寺のカボチャ供養の準備（著者撮影）

カボチャは縦半分に切り、下部の空洞に入っている種子を取り除くと、数センチ角の大きさに切り分ける。それを、竹皮を敷いた鍋《なべ》に入れ、だしと砂糖、醤油《しょうゆ》を加えて四〇分ほど煮る。竹串がすっと入るほどの柔らかさになれば完成。一人一切れあてを小鉢に入れてふるまうのである。味は、西洋カボチャのような濃厚さはなく、どちらかというと淡白で少し青臭い、昔の和カボチャの味がする。しかも、カボチャにしてはかなり高価である。それでも、京都市内のちょっとした八百屋さんのなかには鹿ケ谷カボチャをおくところが少なくない。カボチャ供養のいわれにあやかろうということだろうか。

カボチャ供養は、市内中心部（寺町三条上《てらまちさんじょうあが》ル）の矢田寺《やたでら》でもおこなわれる。こちらは夏ではなく冬至のころにおこなわれる。冬至にカボチャを食べる習慣は古くからあるが、矢田寺の供養もやはり「中風除《よ》け」のいわれがあるようだ。使われるカボチャは鹿ケ谷カボチャではなく、くびれのない普通の和カボチャだという。ただし、とても大きく育った実が使われる。

あとひとつ、夏の京都を代表する料理がある。「賀茂《かも》ナスの田楽《でんがく》」がそれである。賀茂ナスそのものはのちに詳しく述べるとして、ここではその田楽について書いておきたい。田楽とは、野菜や生麩《なまふ》などの食材を揚げるか焼くかしてその上に味噌を塗った料理で、精進料理のひとつである。あるいは白味噌と赤味噌を塗り分けたものを出す店もある。賀茂ナスは球形のナスで、皮が厚く黒光りしている。大きいものでは直径が一〇センチ近くにもなる。へたを落として、皮をスイカ模様に剝《む》き赤道に平行に二等分してから油で揚げるか多めの油でじっくり炒《いた》め、場合によってはそれをさらに焼き、切断面を上にして田楽味噌を塗ったものである。京都では、味噌というと白味噌が多いので、田楽味噌も白味噌が使われることが多い。

ナスの田楽などどこにでもあると思われるかもしれないが、肝心なのは賀茂ナスを使うところだ。ボリュームたっぷりで、食の細い人ならばこれ一品で満腹になるほどだ。ナスのミネラル、田楽味噌の塩分と糖分、それに脂肪分にも富んだ栄養価豊かな、夏ならではの一品である。

賀茂ナス（上）と賀茂ナスの田楽（写真上・京都市産業観光局農林振興室農林企画課、下・著者撮影）

比叡おろし

夏暑い街京都。それでいて、京都の冬はとても寒い。もっとも冬の寒さをいえば北海道や東北地方、あるいはそれ以外の土地でも山のなかの寒さは京都の市街地の比ではない。数字の上での寒さでいえば、京都の寒さなどとりたてていうほどのこともない。そこが、夏の暑さとは違うところである。

京都市街の気候の特異性は街を囲む山が低いことにある。京都府は全域が山がちであるが、その最高峰は標高一〇〇〇メートルを超えない（京都府の最高峰は皆子山《みなこやま》の標高九七一メートル）。冬の季節風は、東海や関東では三〇〇〇メートルを超える脊梁《せきりょう》山脈越えとなるから水分はみな日本海側に落ち、フェーン現象のせいでだいぶ温められて太平洋側に達する。ところが京都では、山が低いため、水分が完全に落とされずにやってくる。標高差もなく、フェーン現象はおこらない。したがって、京都の冬は、どんよりと曇り、かつ、ときに小雪が舞ったりもする。

湿度の高さゆえに、京都の冬は底冷えがする。ここでいう底冷えとは何だろうか。辞書によると「底冷え」とは「身体の芯《しん》まで冷えること」を意味する。京都人たちに聞いてみると、底冷えとは盆地特有の、心髄まで冷やすような寒さのことをいうらしい。しかしそういうことならば、「底冷え」は京都だけのものではないはずだ。

京の寒さについて、こういう表現をした京都人もいる。

「家のなかにおると、床の下のほうから寒さがやってきよる。北海道なんかとはちごて（違っ

渡月橋越しに見る愛宕山（右奥）

て）、冬の寒さには対応してへん。夏の暑いのにはいろいろ工夫があるけどな」

　これらの意見を加味して考えれば、京都の底冷えは、盆地という地理的な特性や湿度の高さに加えて、建物の構造が関係する寒さということになる。夏の暑さが厳しい分、冬の寒さが際立つという面もあるのかもしれない。

　湿度を高くしている理由は水である。京都盆地の地下には琵琶《びわ》湖《こ》の水の八割に相当するほどの量の水が蓄えられているという。つまり京都盆地は巨大な水がめの上にある。その水分が、京都の独特の寒さにつながっているのだろう。底冷えは、気温という一元的な数字だけでは表せない感覚なのであろう。

　冬には京の街にも季節風が吹く。京都でも、それほどの強風ではないものの、比叡《ひえい》おろし、愛宕《あたご》おろしなどの風が吹く。比叡おろしの名は、もとは比叡山の東麓、琵琶湖側に吹く風であったようだが、京都人もこの語を使うようだ。愛宕おろしは京都盆地の北西にある標高九二四メートルの愛宕山《あたごやま》から吹く風で、そのため麓《ふもと》の嵯峨《さが》、鳥居本《とりいもと》あたりは寒くなる。

　なお、京都で風というともうひとつ、「東風《こち》」を忘れるわけにはゆかない。

東風吹かば匂ひおこせよ梅の花 主《あるじ》なしとて春を忘るな

菅原道真《すがわらのみちざね》が九州大宰府《だざいふ》に流される際に詠んだ歌ということになっているが、おそらくはのちの時代の誰かが詠んだものであろう。歌にあるように、東風は早春に吹く風、つまり春を呼ぶ風である。真冬の間、京都では北、または西の風が吹く。春が近づき、高気圧と低気圧が交互に列島を通過するようになると、西から低気圧が近づいてきたタイミングで風は東寄りとなる。これが東風である。

寒さの感覚には天気の要素も加味される。日本海側の地域では、冬、曇天が続くことが多い。一日を通じて空は鉛色で、低く垂れこめた雲からは雪が舞ってくる。京都の街でも、冬は曇りがちの日が続き、樹々や建物は色彩を失い街中が陰鬱《いんうつ》な雰囲気に包まれる。天気予報では、京都市街は大阪市や神戸市などと同じ「近畿中部」ということになっているが、冬の天候という意味でいえば日本海側に属するといってよい。

京の冬の料理

底冷えの寒さをしのぐため、京都人たちは冬の料理をいろいろに考案した。暮らし向きに余裕のある人たちが好んだ料理のひとつが「すっぽん」料理だろうか。淡水魚の文化を持つ京都だけあって、すっぽんも古くから愛好されてきたようで、これを出す店は意外と多い。なかには、食通たちの漫画である『美味《おい》しんぼ』（雁屋哲《かりやてつ》原作、花咲《はなさき》アキラ画）にも登場した「大市《だいいち》」のようにすっぽん専門店まである。店は、秀吉の邸宅であった「聚楽第」のあったところ、つまり街のど真ん中にある。大市ではコークスを使い、選《よ》りすぐった土鍋で一六〇〇度という高温ですっぽんを調理するのだという。すっぽんは強壮剤ともいわれ、以前は肉体労働者などの間でその生血を飲む習慣もあった。またその独特の風貌《ふうぼう》と味わいから敬遠する人も多いが、素材を選んで専門家が調理したものは驚くほどあっさりしていてやみつきになる。コラーゲンを豊富に含むことから、女性たちにも人気の食材のひとつである。鍋や、「〆《しめ》の雑炊」などが定番料理で、冬にはまさにぴったりの料理なのだ。

鍋を使った料理といえば、湯豆腐を挙げる人も多い。京都では、精進の影響もあり、豊富な水を使った豆腐作りが盛んで、さまざまな豆腐料理を出す店が多いが、冬に限っていえばやはり湯豆腐が定番である。

湯豆腐の主役はもちろん豆腐。豆腐の原料は、ダイズ、水、そしてにがりなどの凝固剤だけだ。豆腐作りの過程では大量の水が使われる。豆腐の主成分のひとつが水だからというだけでなく、できた豆腐を冷やすにも一時的に保存しておくにも、大量の水が使われる。そして淡白な食品だけにダイズばかりか水の味がものをいう。

鶏の水炊きも、京都の冬の定番料理のひとつである。京都一の繁華街である木屋町通《きやまちどおり》。その四条通《しじょうどおり》の交差点から南に下がったところにある「鳥彌三《とりやさ》」は、あの坂本龍馬《さかもとりょうま》も通ったという店だが、冬に出される水炊きは白濁したスープに、肉が骨から簡単に外れるくらいによく煮込まれた骨付きの鶏肉《とりにく》が入っている。

鍋のなかには、とてつもなく大きな鍋を使った料理もある。山形県の郷土料理に数えられる「いも煮」はその代表といえるが、京都にも大鍋を使った冬の料理がある。「大根炊き」である。なお、「大根炊き」と書いて「だいこだき」と発音するところもあるので注意。また、京都だけでなく奈良県や兵庫県にも同様の行事がある。

京都では市内のいくつかの寺が、それぞれの年中行事に伴う行事食をふるまう。先のカボチャ供養もそうであるが、ふるまうわけだから大量に準備される。大根炊きでも、寺によっては一〇〇〇本単位のダイコンを炊くというから半端な量ではない。調理方法はいろいろであるが、揚げと一緒に炊くことが多いようである。「大根炊き」は冬の行事食であって、同時に「厄除《やくよ》け」の意味もあった。一年をなんとか無事に過ごし年を越せることへの感謝、次の年も無病息災でいられるようにという願いを込めて、京都人たちは大根炊きを求めて寺に参詣《さんけい》した。

身体を温めるという目的からは、冬の料理には食材にも工夫がある。たとえば、クズもそのひとつである。クズは、植物としてのクズ（*Pueraria montana* var. *lobata*）の根に溜《た》まったデンプンを精製したものである。これを少量の水で溶いて加熱し強くかき混ぜると透明で粘りの強い食品になる。京都人たちはだしで溶いた「餡《あん》」を茶碗蒸《ちゃわんむ》しなどの蒸しものやうどんにかけて食べる。冷めにくくなるので重宝されるのだそうだ。クズは、もとは不作時の救荒食として使われてきたものだった。京の人はそのクズを高級食材にしてしまった。クズは、夏にも食べられる。これについてはまたあとで書こう。

冬の京都の食材といえば、もうひとつ、グジのことを書かないわけにはゆかない。グジというのは関西の方言で、全国的にはアマダイの名で呼ばれる魚である。冬の若狭湾《わかさわん》あたりで獲《と》れるグジは、以前は高値で取引されて京都市内の料亭などに運ばれていた。最近は流通や保存方法が進歩したおかげで、他の地域で獲れたものも流通しているようだが、やはりそこはブランドの底力のようなものがある。「海の京都」の面目は健在である。市内のスーパーマーケットなどでも、小ぶりなものや少し難のある商品などが結構安価で出回る。高級品には手が出せないが、一般庶民にはこれで十分である。これを、二枚におろし、塩焼きにする。塩加減がよいものはじつに美味である。とか

グジ

くいまは減塩がいわれるが、塩分を減らせばそれでよいというものではない。「塩梅《あんばい》」という語があるように、適度の塩加減に下ごしらえされた魚はそのうまさをぐんと増す。あるいは、よい塩梅に下ごしらえされた一夜干しの「開き」も、これまた美味である。

魚の鱗《うろこ》は舌に触るが、グジは鱗も柔らかで、よく焼けば食べられる。皮目の部分を鱗ごと焼くのだが、これがじつに香ばしくてうまい。

水の京都

京都の川

府全体に目をやると、京都には結構大きな川が何本かある。まず、京都府中央部の丹波《たんば》高地を出て北の方向に流れ、日本海に注ぐ由良川《ゆらがわ》。同じ丹波高地を出て南のほうに流れ出るのが大《おお》堰川《いがわ》である。この川は京都市を源流とし、亀岡《かめおか》市を流れ、保津《ほづ》渓谷を経てふたたび京都市に流れ込んだあたりで桂川《かつらがわ》と名を変える。木津川《きづがわ》は、府の南部や三重県西部、奈良県北部の山に降った水を集めている。また、宇治川《うじがわ》の源流は琵琶湖である。宇治川は上流のほうで瀬田川《せたがわ》と名前を変えるが、瀬田川は琵琶湖から流れ出る唯一の川である。こうしてみれば、大堰川（桂川）、木津川、宇治川三川《さんせん》は、滋賀県全域、京都府南部、奈良県と三重県の一部の水を集めている。

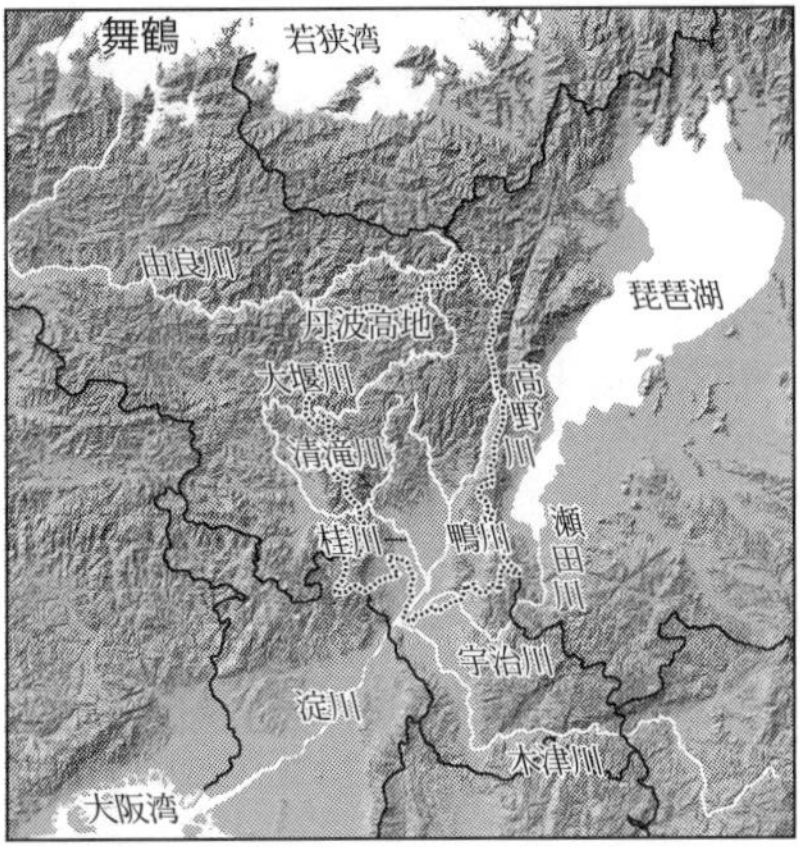

京都の川

この三本の川は、京都府と大阪府の府境付近で合流し淀川となって大阪湾に向かう。この合流点付近は、いまでは水利工事も進んで流路もはっきりしているが、第二次世界大戦前まではここには巨椋池《おぐらいけ》と呼ばれる巨大な遊水池があった。三川の流路もはっきりせず、洪水が来たりすれば巨椋池は大きく膨らんだ。この巨椋池や三川の治水に本格的に乗り出したのが秀吉で、何本かの堤を作り、流路を固定しようとした。かつて、この巨大な池の北岸にあった伏見《ふしみ》を整備し、港を開いたのも秀吉である。伏見港へは、大阪湾から淀川を上ってたどることができた。伏見港から京の市内へは、角倉了以《すみのくらりょうい》と息子の素庵《そあん》が開いた高瀬川《たかせがわ》が通じていた。高瀬川はいまも健在で、その北の端は、「木屋町二条《きやまちにじょう》」付近にある。高瀬川についてはのちに書く。

高瀬川のすぐ東を、同じく北から南へと流れているのが鴨川である。いまでは、いかにも京都らしい、おっとりとした感じの流れではあるが、昔は、たいそうな暴れ川だった。なにしろ、白河《しらかわ》法皇をして「天下三不如意」といわしめたもののひとつである。いまのように護岸が進むまでは川幅もずっと広かったようだ。市内中心部では鴨川の西側二五〇メートルほどのところを川にほぼ平行に南北に走る河原町通《かわらまちどおり》まで川(河)原が広がっていたという。

鴨川は、御苑の北の縁を東西に通る今出川通《いまでがわどおり》のすぐ上の部分で、賀茂川《かもがわ》、高野川《たかのがわ》という二つの支流に分かれる。このうち西の賀茂川の支流である鞍馬川《くらまがわ》の上流に貴船《きぶね》という土地がある。川はすでにごく細く、その名前も貴船川《きぶねがわ》と変わっている。市内からは車で三〇分ほどのところだが、市内がうだるような暑さになっているときでも、うそのように涼しい。ここでは鞍馬《くらま》街道沿いの料理旅館などが川の流れの上に桟敷を作り、料理を出している。ここでは、これらの桟敷は「床《ゆか》」と呼ばず「川床《かわどこ》」と呼ぶ。

河原町通のさらに二〇〇メートル足らず西に寺町通《てらまちどおり》という通りがある。秀吉はこの寺町通と河原町通の間に「御土居《おどい》」という土塁を作った。秀吉は、京都を、城郭で囲まれた城下町にしようと思ったのだろう。いずれにせよ、鴨川は京都市街の東の縁にあたっている。なお、御土居はそのほとんどが取り払われてしまったが、ごく一部にその痕跡をみることができる。

右京の川

ここまでの話は街の東半分、つまり左京《さきょう》の川の話だった。京都では、左京が東のほうにあって右京《うきょう》が西のほうにある。いま日本で発行されている地図の多くは北を上にして描かれているので、左京が右に、右京が左に来る。少し違和感があるが、右京、左京の呼び方は御所からみて、つまり南をみて右か左かといっているのだ。

かつての京都市街には、西のほう、つまり右京にも川が流れていた。ただし右京の平野には、西の端を流れる桂川を除いて大きな川はなく、もっぱら小河川ばかりである。小河川とはいえ、それでも、たとえば天神川《てんじんがわ》は、北のほうでは結構深い谷を刻んでいるのに下流では天井川化し、しばしば洪水をおこしてきた。天神川は、菅原道真を祀《まつ》る北野《きたの》天満宮のすぐ西側を流れている。北野天満宮の境内の西の縁は、「御土居」になっていて、その上から天神川をみると深い谷の

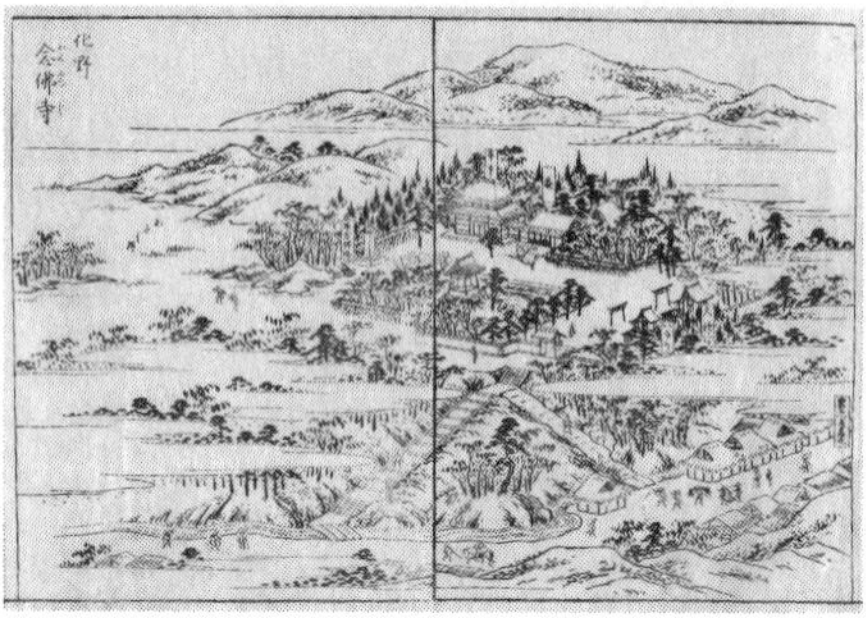

『拾遺都名所図会』に描かれた化野念仏寺（国際日本文化研究センター蔵）

ようである。ここは、市内でも御土居が一番よく残されているところである。京都市内にこのような地形があることは、市民でも知っている人は少ないだろう。秀吉の頭のなかでは鴨川と天神川で挟まれた土地が、城壁で囲うべき都の範囲だったのであろう。

天神川からさらに西側には、なだらかな起伏を伴い比較的平らな土地が広がっていた。あたりには小さな古墳が点在し、おそらく古墳時代から社会が出来上がっていたものと思われる。稲作を含む農業が営まれていたのだろう。時代が下った一〇世紀に平地の西の端にある化野《あだしの》に建てられた寺、念仏《ねんぶつ》寺《じ》に残る伝承によれば、空海《くうかい》があたりに点在する遺骨を集めて埋葬したという。つまり、この地は古代からの「野」であった。

いっぽう、念仏寺の一・三キロメートルほど東には、嵯峨《さが》天皇が九世紀初頭に建立した「嵯峨離宮」に端を発する大覚寺《だいかくじ》がある。大覚寺の境内には、「名古曽《なこそ》の滝」があったといわれる。平安時代初期の貴族たちは、この滝をめでていたのだろう。案外、当時は、あたりはもっと起伏に富む、風光明媚《ふうこうめいび》な土地だったのかもしれない。それが、一〇世紀末、藤原公任《ふじわらのきんとう》のころには滝はすでになかったようだ。

滝の音は絶えて久しくなりぬれど名こそ流れてなほ聞こえけれ　大納言公任

このようにみてくると、この地域は全体的に相当に水の多い土地であったことがわかる。大覚寺の裏、つまり山側にはいまも幾筋もの小河川が流れ、また、嵯峨野《さがの》一帯では秋に稲刈りの終わった田面には水が溜《た》まっているのをみることができる。大覚寺境内に人工的に作られた「大沢池《おおさわのいけ》」の脇を流れて桂川に合流する有栖川《ありすがわ》も、先の天神川同様、下流は天井川化し、しょっちゅう氾濫《はんらん》しては人びとを苦しめてきた。いまもあたりは梅雨時や秋雨のころの洪水が多い。右京は水の土地、水害多発の地であった。

京盆地の水

京都市は水の街である。いや、水の街という言い方をすれば、東京（区部）も大阪も水の街である。水があったからこそ、そこに大きな都市が成立した。人口一〇〇万を超える都市で海に面していないのは京都市と札幌市、さいたま市だけである。海から離れた街としては、京都市は日本最大の都市といってよい。では海のない京の街が、なぜ水の街なのだろうか。

すでに述べたように、京都盆地の地下には琵琶湖の八割ともいわれる量の地下水が蓄えられているともいう。この地下水をまかなってきたのが、街の北のほうで降る雨や雪である。京都

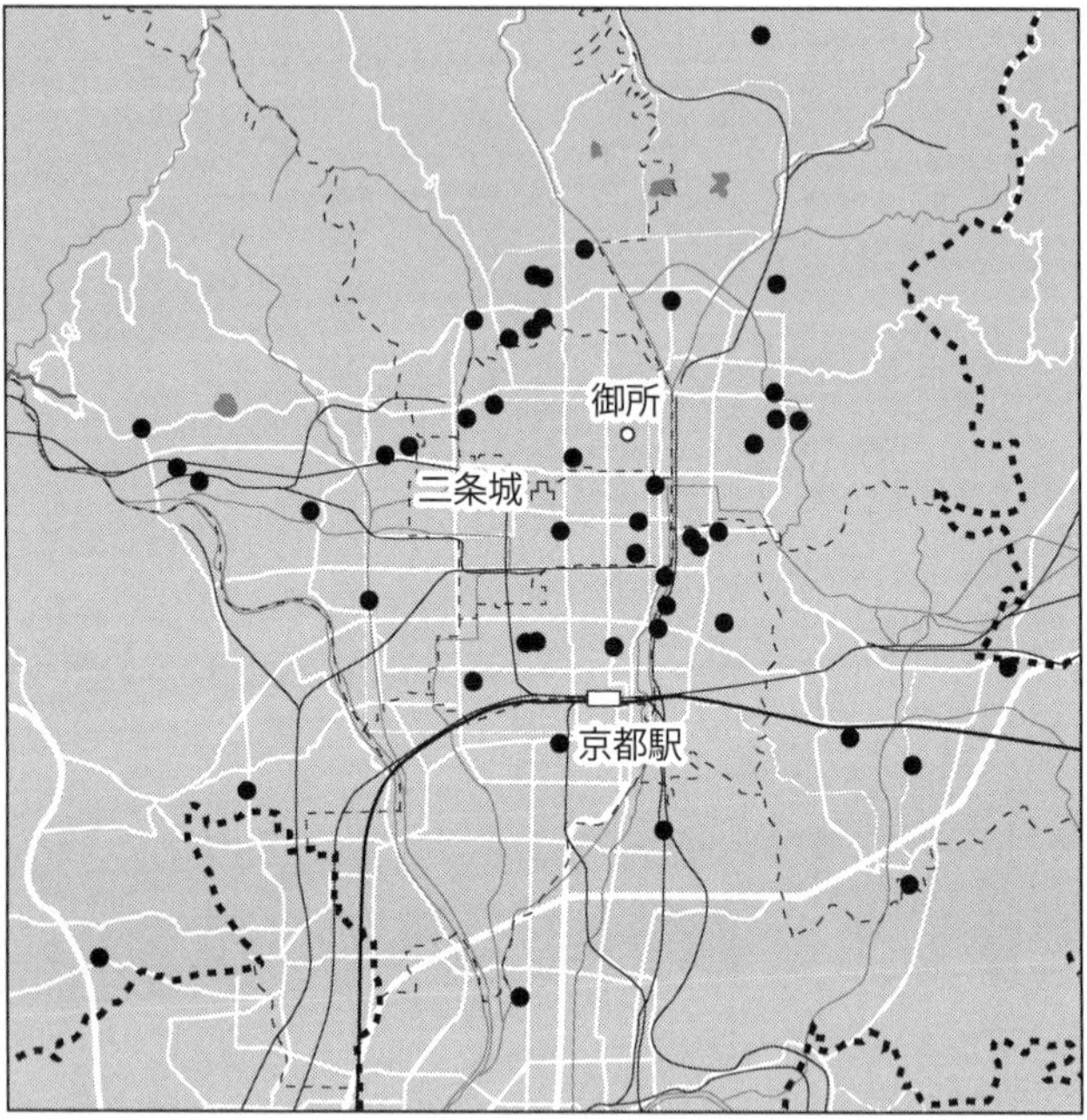

京都市内の豆腐店の分布（京都府豆腐油揚商工組合のウェブサイトなどを基に小林千恵・櫻井嘉駒作成）

が夏蒸し暑く、冬底冷えがするのはそのせいだとさえいわれる（一二ページ）。地下水には水脈がある。水脈のあるところでは井戸を掘ればその豊富な水が使える。とくにいまの堀川通《ほりかわどおり》から東側の土地は表面が砂礫《されき》層に覆われていて、浅いところから良質の水が得られた。いまの御苑から二《に》条城《じょうじょう》、その南の神泉苑《しんせんえん》あたりはとくにそうである。いっぽう西のほうは粘土層に覆われ、地下水に恵まれなかった。

この地下水のおかげで、京都には豆腐や酒など、よい水がないとできない食品が古くからある。豆腐は、煮たダイズをすりつぶして漉《こ》し、できた豆乳ににがりなどの凝固剤を入れて固め、水に放して作られる。京では豆腐屋さんはまだ、市内のいたるところに残されている。そのいくつかが地下水を使っているというから、京都の豆腐はまさにこの地下水の産物である。市内の豆腐屋さんの分布をみると、決して一様ではないことに気づく。そして後述するように、水を多く使う酒、醬油、麩《ふ》、酢などの店もまた、豆腐店の多い地域に重なるようにみえる。そしてこの地域こそ、先の「御苑から二条城、神泉苑のあたり」の地域と重なりあっている。

下御霊神社の御霊水（著者撮影）

　京都の街では、市内の中心部でさえも井戸が生きている。そして多くの事業所がこの井戸水を使っている。事情は料理屋さんも同じようで、かつて多くの料理屋は井戸水で調理していたという。もっとも最近ではさまざまな規制がかかり、井戸水をそのまま使う店は、――少なくとも表向きは――ないようではあるが。

　井戸は、市民生活のなかでも生きている。市内には、京都御所の周辺を中心に、いくつか現役の井戸がある。いくつかの井戸は市民に開放されていて水は誰であっても使うことができる。ただし、取水量は制限されているところもある。御所の東側、梨木《なしのき》神社の「染井《そめい》」では、一〇〇円で一人一日五リットルまでと決められている。染井の南五〇〇メートルほどのところには「清荒神《きよしこうじん》」が、さ

相国寺境内の流路跡（写真・相国寺）

らに一〇〇〇メートル足らずのところには下御霊《しもごりょう》神社があり、ともに地下水をくみ上げる井戸がある。これらの井戸は江戸時代からのもので、そこから採れる水は、清めの水として使われてきた。他方、日々の家庭での調理に、あるいはお茶の教室で、小さな喫茶店が出すコーヒーにと、さまざまな用途にも使われてきた。もちろん旅行者が、喉《のど》の渇きをいやすために飲んでもよかった。

一〇〇万都市の中心部に、このような井戸がたくさん残っているのはおそらく京都くらいのものだろう。味噌や酒、麩など京の食を支えてきた事業者の水も、個人の生活用の水も、少なくともこれまでは長い時間をかけて築き上げてきた慣習と決まりに沿って地下水が使われてきたのである。水は共有財産《コモンズ》。それが京都の水なのだ。最近、共有の観念が失われつつあり、その持続可能性に黄信号が灯っている。

京の水遣いの知恵は地下水ばかりに向けられたのではない。地表を流れる川にも工夫があった。とくに御所への配水には当時の知恵が結集されていた。御所の北に位置する相国寺《しょうこくじ》の広大な敷地には、賀茂川から採られた水が流れ、御所の北の縁から御所内へと取り込まれていた。この水路は途中、上御霊《かみごりょう》神社と相国寺を通っているが、相国寺の境内にはその流路跡やそこから採られた水を使った施設が残されている。

水でできている京の食

京都の水の特徴として挙げられるのは、軟水であることだろうか。つまり、ミネラルの含有率が低い。このことが昆布だしを発達させたのだともいわれる。京都や大阪のだしは昆布によるところが大きい。いっぽう東京の水は、日本の水としてはかなり硬度が高く、だから昆布だしの文化が育たなかったと説明されている。硬度の高い水では、昆布だしのうまみは引き出しにくいからだ。

市内西陣の料亭「萬重《まんしげ》」のご主人田村圭吾《たむらけいご》さんが、輸入水のエビアンとお店の井戸水で昆布だしを取り比べる実験をしてくれたことがある。エビアンはフランス産の水で硬度三〇〇程度のかなりの硬水である。日本にはここまで硬度の高い水は、水道水にも、ペットボトルなどで市販されている各地の名水のなかにも知られていない。比較の結果は明らかだった。エビアンを使ってひいただしは色もうまみも弱く、満足のゆくものにならなかった。エビアンのような硬水は、昆布だしには適さないようだった。

ただし、ミネラルの含有率があまりに低いと今度は昆布が溶けて、生臭い臭《にお》いや粘りが出てしまう。適度な硬度の水が昆布のだしをひくのによいということになっている。

きれいな水が豊富にあることから、生麩も作られてきた。小麦粉を水に溶いて団子にし、さらしの袋に入れて流水のなかでデンプンだけを洗い流すとタンパク質の一種であるグルテンが残る。これが生麩の主原料である。よい水がふんだんに使えないとできない食品である。

水を守るために、京都人は身体を張ることもあった。伏見の酒蔵は、第二次世界大戦前、酒造用の水を守るために当時の府と対峙《たいじ》して地下水を守ったと、月桂冠《げっけいかん》の元副社長、栗山一秀《くりやまかずひで》さんは述べている。伏見を通る鉄道（いまの近鉄《きんてつ》京都線）の敷設にあたり、地下で通そうという府の計画に対して、酒造組合側は地下水の水脈が断たれる恐れがあるという理由で反対し、高架にすることを主張し続けたのだ。よほどの勇気がいったと思われるが主張は通り、鉄道は高架線になった。

酒は、水とのかかわりが強い食品のひとつである。かかわりが強いというより、酒の容積の八割以上は水である。その良《よ》し悪《あ》しが酒の品質を決めている。そして京都は酒どころでもある。いまでは酒どころというともっぱら東北や北陸が思い起こされるが、少なくともそれは最近のことである。

かつては洛中にも多くの酒蔵があった。室町時代ころには、いまの「洛中」と呼ばれる部分には三四〇軒もの酒蔵があったという。当時の洛中の人口を二〇万人として六〇〇人弱に一軒という高率である。江戸末にはその数が二四〇軒にまで減少した。ところがいまではこのエリアにある酒蔵は二軒しかない。そのうちの一軒、佐々木《ささき》酒造は一八九三年（明治二十六年）創業と、他の蔵に比べると比較的新しいが、場所はかつての聚楽第があったところだ。つまりそこは都のど真ん中だったところである。なお、現社長の佐々木晃《ささきあきら》さんの実兄が俳優の佐々木蔵之介《くらのすけ》さんであることはよく知られている。

酒の主原料は、米、水、麴《こうじ》そして酵母である。原材料の面からいえば酒はとてもシンプルな食品である。それにもかかわらず味わいに多様性が出るのは、まさに組み合わせの妙といってよい。

盆地にできた街

京都盆地の地理学

東京方面からの新幹線の電車は、京都駅に着く手前で二つのトンネルをくぐる。はじめのほうの長いトンネルが音羽山《おとわやま》トンネル（長さ五〇四五メートル）で、電車はこのトンネルのなかで滋賀県から京都府に入る。そして次の短いトンネルが東山トンネル（長さ二〇九四メートル）で、南北に走る東山をくぐりぬけて京都駅に着く。電車は京都駅に着く直前に一本の川を渡る。鴨川である。スピードも十分に落ちていて、下車する乗客たちもデッキに並んでいる。進行方向の右手の窓からは三角形をした山が鴨川のはるか向こうにみえている。比叡山（標高八四八メートル）である。この山は京都の歴史を語るうえで無視できない。比叡山は京都市内のいたるところからみることができるので、一種のランドマークになっている。「どこからでもみえる」ということは、比叡山からは京都の市街地がよくみえている、ということでもある。実際比叡山に登ってみると、京都の街全体が手に取るようにみえる。だから延暦寺《えんりゃくじ》の僧たちはそこを本拠地にした。

東山は市街地からは比叡山から続く山並みとみえ、東山連山、東山連峰とも呼ばれている。読みは「ひがしやま」であるが、年配の人のなかには「ひがっしゃま」のように発音する人も多い。

東山は歌や俳句にも詠まれてきた。江戸時代中期の俳人服部嵐雪《はっとりらんせつ》が、

布団着て寝たる姿や東山

と詠んだように、なだらかな山並みが南北に続く。なお、東山はいまでは樹々に覆われているが、過去の植生に詳しい小倉純一さんによれば嵐雪の時代には京周辺の山に樹木はほとんど生えていなかったらしい。樹々や下草は伐られ、燃料や灯《あか》りに使われていたのであろう。

東山の山並みのなかほど、御所からみてほぼ真東にあたるところに「如意ヶ岳」がある。その中腹には、毎年八月一六日におこなわれる「五山の送り火」の火床のひとつ、「大文字山」がある。なお、「五山」といっているが、過去には一〇を超える山があったという研究もある。

京都の市街地は、盆地の東に寄っている。西のほうは最近まで開発の手も伸びず、いまも農

地が残されている。盆地の最西部にある山が愛宕山（標高九二四メートル）。愛宕山の手前にも低い山がある。祇王寺《ぎおうじ》、二尊院《にそんいん》などの寺院を山すそに擁する小倉山《おぐらやま》やその南に展開する嵐山《あらしやま》も、この山並みの一部である。山は、さらに「西山《にしやま》」と呼ばれる山へと続いてゆく。

山には山の食材がある。それらについてはあとに詳しく書くが、これらの存在が京の食を形づくってきたことは間違いなかろう。盆地にあることが、京の食を特徴づけてきたといってよい。そのひとつがタケノコである。京都盆地の周辺にはいくつもの活断層が走っている。京都大仏を倒したのも、これら活断層のひとつでおきた地震である。将来これらのどれかが動けば、京の街は再び大地震に見舞われて大混乱に陥るだろう。活断層など、迷惑千万な話ではあるが、じつはタケノコが、この活断層の存在と関係があるという。京都盆地のタケノコ産地は、活断層の破砕帯に沿っている。そして、竹は、活断層の破砕帯を補強するために植えられたと地質学者の尾池和夫《おいけかずお》さんは書いている。つまり、防災上の意味から栽植されたタケがいまのタケノコの産地になっているということだろう。タケノコの名産地は、地震が作ったということになる。皮肉な話ではある。

大文字送り火

日本列島の「東西」

自然地理学の立場からみて、京都は日本列島を東西に分ける境界近くにある。これが京の食の特徴を形づくる要因のひとつになっている。東西の境界線――そのひとつの現れを秋の紅葉にみてみよう。

京都といえば紅葉の美しい街だと多くの日本人が思っている。右京嵐山の紅葉、高雄《たかお》の紅葉、東山山麓の南禅寺《なんぜんじ》、清水寺《きよみずでら》、東福寺《とうふくじ》、等々。京都には、紅葉の名所がいくらでもある。けれどもその多くが神社仏閣のそばにある。神社仏閣が紅葉の名所におかれたのではない。神社仏閣がそこを紅葉の名所にしたのだ。嵐山の紅葉も、江戸時代嵐山を寺領として管理していた天《てん》龍《りゅう》寺《じ》が管理していた。寺が川向こうの嵐山を借景として庭を配したのだ。天龍寺は江戸時代まではいまとは比較にならないほどの勢力と寺領を持っていた。

天龍寺に限らず、京都の社寺、とくに仏教寺院は、明治初期にその力を大きくそがれている。明治政府は、「神仏分離令」によって神道を仏教から切り離して国家神道にしようとした。多くの寺ではその寺領が大きく没収された。「廃仏《はいぶつ》毀《き》釈《しゃく》」の嵐が全国的に吹き荒れたのだった。

東日本の紅葉は京の紅葉とは大きく違っている。わたしも、見事な東日本の紅葉にお目にかかったことが二度だけある。一回は奥日光《おくにっこう》でのこと。もう一回は仙台奥の秋保《あきう》温泉でのこと。目の前に広がる山全体が赤や黄色に染め分けられ、そこにいる自分の身体が赤く染まったかのように感じた。むろん東日本にも社寺の紅葉はあるにはちがいないが、主力はあくまで山の紅

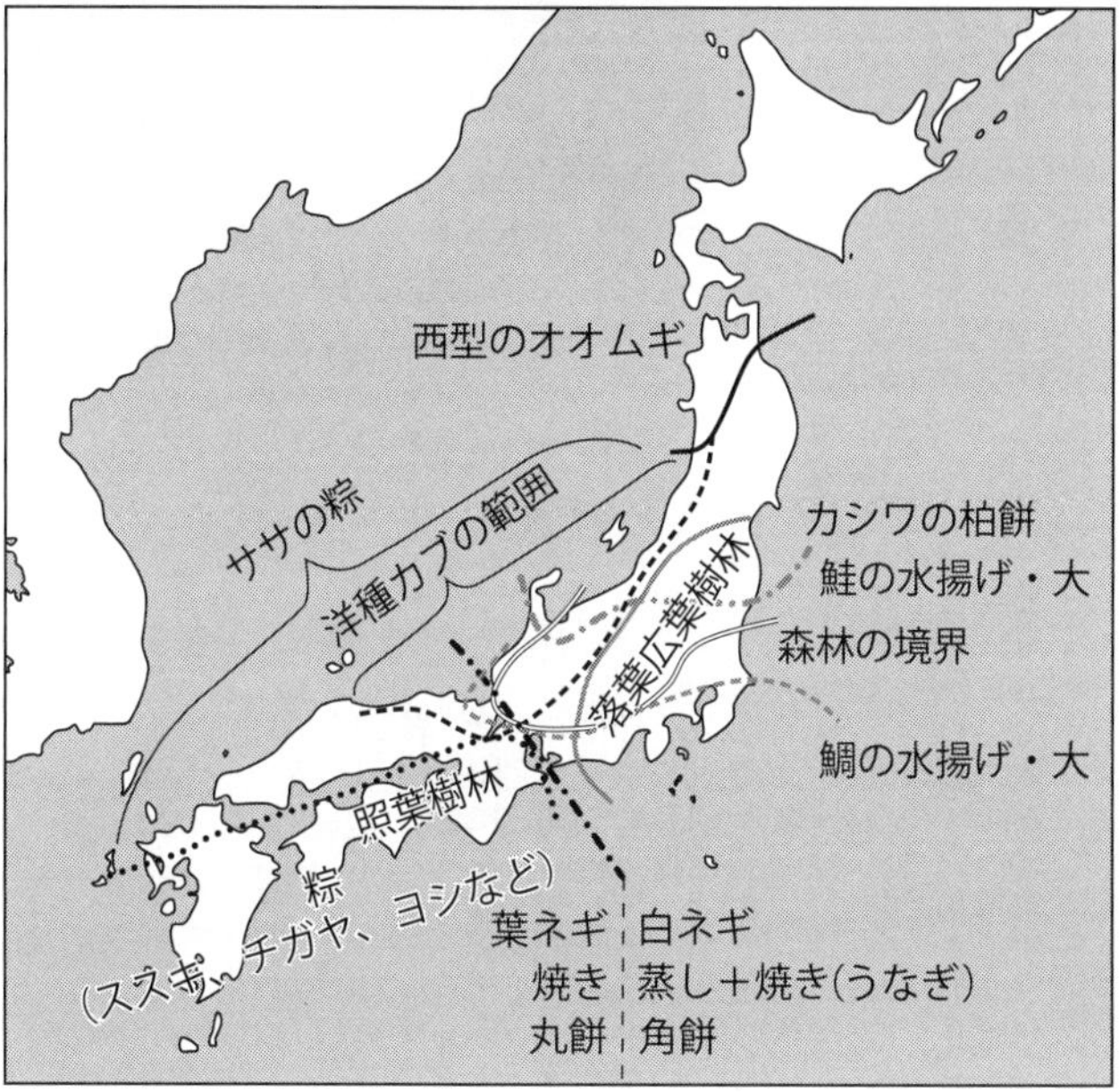

日本の東西食文化

葉である。そう、東日本の紅葉は多くが、人の影響の希薄な自然の産物である。

東西日本で紅葉の姿が異なる背景には、日本列島の自然植生の構造が関係している。日本列島の東、北半分の土地では、森を構成するおもな樹種は、ブナ、ミズナラ、ケヤキ、サクラなど落葉広葉樹である。それらは秋には落葉し、落葉する前には赤や黄色に紅葉する。いっぽう西、南半分の森では、山の高いところは別として、照葉樹（常緑広葉樹）が優占する。樹種としては、イチイガシ、シラカシ、シイ、クス、ヤマモモなどである。これらの樹種は秋には落葉しない。

古い葉は、春に新葉が出てから落ちてゆく。常緑広葉樹の「常緑」を「落葉」との対比で捉《とら》え、落葉しない樹種であるかに捉えるのは誤りである。そして常緑広葉樹は目立った紅葉をしない。

二つの森の境界線は、前ページの図のようになる。そして京都はたしかにこの境界線近くにある。大変興味深いことに、この境界線は、森ばかりではなく、いろいろな文化要素の北限または南限にもなっている。もちろん文化要素によってそれら境界線の位置は少しずつずれるが、この図をみると、日本の文化が決して一様で全国一律なものではないことがよくわかる。

図を少し詳しくみてみよう。どのような文化要素が関係しているのだろうか。食文化を例にみてみよう。まず餅《もち》の形に注目してみる。西日本では丸餅が多いが、東日本では角餅が多い。

丸餅の雑煮（写真・田中秀明／アフロ）

いうまでもないが、丸餅とは搗《つ》きたての餅を小さくちぎって丸めたもので、正月の鏡餅は丸餅の大きいのをいう。いっぽう角餅は搗いた餅を平らに伸ばし、冷めたあと短冊形に切り、さらにそれを薄く切って作る。歴史的には丸餅のほうが古く、角餅は江戸時代の江戸の産といわれる。

餅の東西差は最近ではやや薄れ気味である。丸餅圏に属する京都のスーパーでも、最近では一個ずつ包装された切り餅が店頭に並んでいる。もちろん、和菓子屋さん、餅屋さんに行けば、丸餅が袋に入れて売られてもいる。つまり京都では、いま、両方の餅が共存している。

ほかにも、ネギの種類（白ネギか葉ネギか）、醬油の種類（薄口醬油を使うか否か）、うなぎの調理法（背開きか腹開きか、蒸してから焼くか素焼きにするか）などに際立った東西差をみることができるが、詳しいことは省略する。

東山、西山、北山

盆地にある、ということは、周囲を山に囲まれているということでもある。京の街は三方を山に囲まれていると表現される。南は大阪平野に向けて開口しているが、東、西、北には山がある。それぞれ、東山、西山、北山《きたやま》のように呼ばれる。

前項に触れた森の分布は、生態学の言葉では水平分布と呼ばれる。緯度に応じて樹種が変化する。いっぽう同じ変化が、山のすそから頂点に向かって、つまり高さに応じておきている。これを垂直分布という。京都の山にも垂直分布が認められる。東山や西山の標高の高い部分は、スギの人工林に混ざり一部にはサクラやコナラなどの落葉広葉樹の森が残る。冬には薄墨を流したような山肌が、春になると下のほうから順に淡い萌黄色《もえぎいろ》に変わり、やがて山桜の花が咲きはじめる。サクラが終わるころには樹種それぞれの新緑の緑色が、これまた下のほうから上のほうへと広がってゆくのだ。

いっぽう山すそには多くのシイの木がみられる。シイの木は照葉樹（常緑広葉樹）の代表的な樹種のひとつである。シイの木の存在は新緑のころに際立つ。ゴールデンウイーク前後の時期に東山や西山あたりでは、山すそが鮮やかな新緑に彩られているのをみることができる。

シイの木の新緑は、新芽や花が鮮やかな黄色を呈するところに特徴があって、遠くからでもよくみえる。しかもその色合いは木ごとに微妙に違っていて、みていて飽きることがない。もこもこと湧《わ》き上がる入道雲のようなその姿は晩春の風物詩でもある。シイの木の花は独特の香りを発する。好みは人によって分かれるようだが、その存在感はこの匂《にお》いによっていっそう際立っている。

おそらくは市街地の部分も、かつてはシイの木などが生える森であったのだろう。東山区の新日吉神宮《いまひえじんぐう》のご神木にはシイの木の巨樹が含まれる。樹齢は五〇〇年とも八〇〇年ともいわれる。左京区の下鴨《しもがも》神社境内の糺《ただす》の森《もり》にもシイの木の巨樹が幾本かある。幹回りは大きいもので三メートルくらい。相当に古い木とみてよいだろう。

ところで京で北山というとき、二つの異なる意味がある。ひとつは北山通《きたやまどおり》という通りや地下鉄烏丸《からすま》線の北山駅に代表される土地である。北山通はおしゃれなブティックやパン屋さんが軒を連ねているが、道路自体は新しい。また北山は京都工芸繊維大学、京都ノートルダム女子大学、京都府立大学、佛教《ぶっきょう》大学などのキャンパスや府立植物園が広がる文教・文化地区になっている。この意味での北山の名は、「北山文化」と呼ばれる室町時代におこった公家《くげ》の文化と武家の文化、さらに禅宗の文化などが融合した独特の文化から来ている。通称金閣寺《きんかくじ》（北山鹿苑禅寺《ろくおんぜんじ》）の場所が足利義満《あしかがよしみつ》の「北山山荘」にあったことにちなむのであろうか。

そしてもうひとつの北山は、文字通りの北のほうにある山の総称で、東山、西山に対するものである。またここには修験にかかわりを持つ鞍馬山《くらまやま》があるほか、北山杉で作られる北山丸太の産地でもある。

山の京都

民俗学では、日本の文化を「山の文化」と「海の文化」とに大別してきた。この区分は地図上に線を引いて描き出されるようなものではなく、たぶんに観念的な区分ではあるが、二つの文化圏は海彦《うみひこ》と山彦《やまひこ》、海の神と山の神、コイとタイのように常に対比的に語られてきた。この意味で、京の文化は山の文化である。

三方を山に囲まれていることが、京の食を特徴づける大きな要素のひとつである。山には山の食材がある。江戸（東京）や大坂（大阪）にはこれらがなかった。山の食材には、チャ、タケノコ、キノコ、山菜などがあるが、その多くが、日本原産、またはきわめて古い時代に日本列島に渡来したものたちである。これらのうちチャは第3章（一六五ページ）で触れる。またタケノコはすでに述べたように、盆地を取り囲む山すその断層帯に産する（二九ページ）。

平八茶屋の麦飯とろろ（写真・山ばな平八茶屋）

山の食材のなかに、京都の伝統的な料理の素材として欠かせないものがいくつかある。まずはイモ類からみてみよう。イモといえば重要なのがヤマノイモである。起源は不明である。京のヤマノイモといえば、『宇治拾遺《うじしゅうい》物語《ものがたり》』の「利仁芋粥《としひといもがゆ》の事」が思い出される。風采の上がらない下級貴族（五位《ごい》）の男が、ある大饗《だいきょう》のおさがりにあった芋粥をみて、「これを腹いっぱい飽きるほど食べてみたい」とつぶやいたことから物語が始まる。このつぶやきを、のちに出世を遂げる藤原利仁が聞きつけた。数日後利仁は五位を誘って郷里の敦賀《つるが》（福井県）に出かける。そして約束のとおり、これでもかというほど大量の芋粥をふるまうのである。

『宇治拾遺物語』では、五位は芋粥をふるまわれる前夜、利仁の館に泊まった際、誰かが近在のものに「切り口三寸、長さ五尺の芋」を朝までに持参するよう大声で指示するのを聞いた。そして翌朝にはこのサイズの山芋が庭先にうずたかく積まれているのをみた。「長さ五尺」というのであるから、利仁たちの「芋」はいまのナガイモのようなものだったのであろう。それにしても「切り口三寸」のイモというと相当に太い。

芋粥は、この芋を、皮を剝いて薄切りにしたうえで味煎《みせん》、つまり「あまづら」(甘葛《あまずら》)で煮込んで作った料理だったようだ。「あまづら」が何であるかはよくわかっていないようだが、一説にはツタなどの樹液を煮詰めて作った甘みともいわれている。つまり、この時代の芋粥は一種のデザートのようなものだったと思われる。

京都とヤマノイモの関係はと問われて「とろろ汁」という答えが出れば、それはかなりの「通」である。京都と日本海側を結ぶ街道筋の入り口(京都からみれば出口)にあたる山端《やまばな》に四五〇年前からあるという料理屋さん「平八茶屋《へいはちぢゃや》」の名物料理がそれなのだ。かの北大路魯山人《きたおおじろさんじん》もしょっちゅう通った店だという。すりおろしたイモをさらにすり鉢でよくすり、味噌味のだし汁で溶いたものを麦飯の上にかけて食べる。この街道は、本書でも幾度か登場する大原《おおはら》集落を通って滋賀県に入り、さらに山を越えて若狭《わかさ》に抜ける街道である。そしてこの街道こそが、京にサバなどの物資を運んだ鯖《さば》街道のひとつだったのである。

ヤマノイモが使われるもうひとつの食品が薯蕷饅頭《じょうよまんじゅう》である。薯蕷とはヤマノイモのことで、すりおろしたヤマノイモを米粉やコムギ粉と混ぜて作った皮でこし餡を包んで蒸した上菓子で、式典の引き出物などに使われる「紅白饅頭」はその代表例である。ヤマノイモの粘りが饅頭の皮のつなぎとしてすぐれているのであろう。なお薯蕷という二文字はいまではほとんど死語で、当て字である常用饅頭(または上用饅頭)の名のほうがよく使われている。

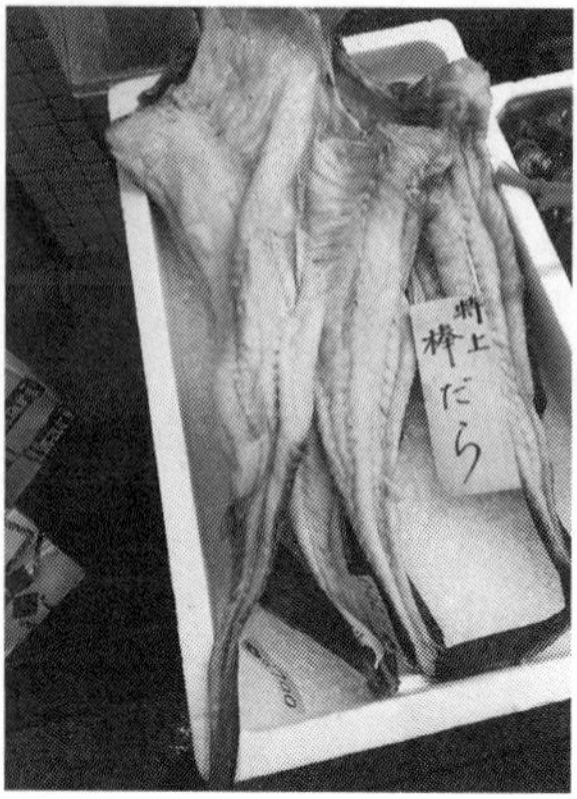

エビイモ（上）と棒鱈（写真上・京都市産業観光局農林振興室農林企画課、左・著者撮影）

サトイモ

サトイモはヤマノイモと同じく、中尾佐助《なかおさすけ》がいう「根栽農耕」の要素（中尾『栽培植物と農耕の起源』岩波新書、一九六六年）のひとつで、太平洋南西部の島じまの生まれといわれ、おそらく非常に古い時代に日本列島に運ばれたと考えられている。

サトイモはヤマノイモに比べると里の作物の性質を持つ。それは南方由来の作物なので、栽培には北の限界（北限）がある。つまり、列島の南から北へと時間をかけて動いていったと考えられる。そしてこの過程で各地に固有の品種を残した。

「餅なし正月」という民俗があるように、それは餅と等価なものと位置づけられてきた。餅なし正月とは、日本各地に残る、もち米（糯米《もちごめ》）の餅に代わってサトイモを使う習俗で、日本各地に点々と残っている。おそらくは、十分な米の生産がかなわない土地での習俗であったのではないかとも考えられる。

それはともかく、京都には、伝統的にカシライモ（頭芋）と呼ばれるイモを食べる文化がある。カシライモは、親芋、つまり春に植えた種芋《たねいも》がシーズンをかけて太ったものをいう。多くの品種ではこの親芋のまわりに小さなイモ（子芋）ができる。親芋は養分が抜けてしまって食べられないこともあるが、品種によっては育て方しだいでは十分に食べられる。親芋は、京や奈良などの旧家では正月の雑煮に丸ごと入れられた。

カシライモを食べるのは、以前は「ご当主」だけだった。人の上に立てるように、そして親芋（頭芋）がたくさんの子芋をつけるがごとく子宝に恵まれるように、ということであったらしい。どちらも、いまではすっかり時代遅れの考え方になってしまった。

京の芋料理のもうひとつが「芋棒《いもぼう》」である。名前を聞いただけでは何のことだかわからないが、エビイモ（海老芋《えびいも》）と棒鱈《ぼうだら》を炊き合わせたもの。京都では、炊いたもののことを、「炊いたん」という。なお、いもぼうは、この一品を専用に出す店、創業三〇〇年ともいわれる老舗《しにせ》の名前でもある。京都人の間では、「いもぼう」は、しばしばこの店の名前を意味している。

芋棒では、サトイモがタラの身を柔らかくし、またタラの身に含まれるコラーゲンがサトイモの照りを増す相乗作用がこの一品を最高級のマリアージュにしているのではないかと、伝承料理研究家の奥村彪生《おくむらあやお》さんはいっている。このような絶妙な取り合わせのことを京都の料理人たちは「であいもん」と呼んでいる。であいもんとしてはほかにも、昆布とカツオのあわせだし、うなぎとキュウリの「うなきゅう」あるいは「うざく」、「鴨葱《かもねぎ》」こと「鴨肉《かもにく》と白ネギ」など、それこそ枚挙に暇《いとま》がない。

山椒

山椒《さんしょう》も山の作物のひとつである。そして、京都で山椒といえば「ちりめん山椒」だろう。これはよく干したちりめんじゃこと実山椒《みざんしょう》を甘辛く煮詰めたものだが、ごく薄味で、上品な味わいがする。京都市内にはたくさんの製造所があり、その名称も「山椒ちりめん」「じゃこ山椒」などいろいろである。甘辛とはいうものの味は店によって違っている。京都の表玄関である京都駅の土産物売り場にも、いくつもの店のちりめん山椒がおかれている。

実山椒

サンショウの用途で一番広いのは実の利用である。まず、まだ青い色をした未熟の実が実山椒と呼ばれる。実山椒は春先に出回るが、噛《か》めばすっきりとした清涼感を伴う辛味とともに独特の香りが口のなかにぱっと広がる。次に軽い痺《しび》れが舌や唇に感じられる。応用範囲は結構広い。牛肉の甘辛煮などに入れれば肉の臭みを抜いてくれる。京都では、この実山椒がよく使われる。その代表格が先の「ちりめん山椒」である。「ちりめん」とは「ちりめんじゃこ」のこと。東京では「シラス干し」のほうが通りがよいだろうか。イワシの仲間を中心とする魚種の体長二〜三センチの稚魚で、これを茹でて干したものをいう。

サンショウの葉もまた料理に使われる。ただしそのマーケットは実山椒に比べればずっと小さい。市街地のマンション暮らしのわが家にも鉢植えのサンショウの木が一本あって、それでもタケノコの季節の「木の芽あえ」に数回使うくらいの量は十分まかなえる。スーパーマーケットの野菜か香味野菜のコーナーに、小さなプラスチックの入れ物にちょっとだけ入ったものが並んでいて、それで二〇〇円、などといわれると買う気が失せるが、サンショウの葉はそれくらいの分量が流通しているにすぎない。

「木の芽あえ」は、茹でて小さな賽《さい》の目《め》に刻んだタケノコなどを、サンショウの新葉をすり鉢でよくつぶし、白味噌を酒や味醂《みりん》で延ばして作ったペーストで和《あ》える。サンショウのピリ辛と香り、白味噌の甘みが癖になる。こうしてみると、サンショウは、消費量は少ないながらも、京の和食にはなくてはならない食材のひとつであることがわかる。

実山椒を、木についたままさらにおいて完熟させると赤っぽい実ができる。これを乾燥させてなかの種子を除き、周囲の果実の部分を細かく砕いたのが狭義の「山椒」（粉山椒《こなざんしょう》）である。くすんだ緑色をした粉末で、鰻《うなぎ》、やきとりなどにかけて香りを楽しむ。加えて、日本固有の香辛料でもある「七味唐辛子」の原料となる。

京、大阪には「卵丼《たまごどん》」や、卵丼にネギやかまぼこなどを加えた「木《こ》の葉丼《はどん》」「衣笠丼《きぬがさどん》」など卵を使う丼ものがある。おもに、うどん屋や大衆食堂の冬の定番メニューである。そしてこれにも粉山椒やあとで書く「七味唐辛子」をかけて食べる。また、山椒は正月の屠蘇《とそ》酒の屠蘇散《とそさん》にも加えられることがある。

山椒は、植物としてのサンショウの実、花、葉からなる食材である。サンショウは雌雄異株《しゆういしゅ》なので、雄花は雄株に、雌花は雌株につく。そして実がなるのはもちろん雌株である。サンショウの木はミカン科の低木で、里山の植物である。日本のサンショウは日本原産というから、その意味では野生植物である。野生植物の利用は、当然、採集文化の時代からのものである。「魏志倭人伝《ぎしわじんでん》」の記述からは、邪馬台国《やまたいこく》にはサンショウらしい植物が自生していたことがうかがわれる。ただし、同書によれば人びとはサンショウを食べてはいなかったようだ。これは、サンショウが山野に自生していたこと、つまりは日本原産であることの裏付けになるだろう。

利用が大がかりになると、サンショウのほうにも変化がおきた。さまざまな変異体が現れ、そのなかには人間に都合のよいものもあった。とげがない変異体もそのひとつである。サンショウの葉や茎には、鋭く硬いとげが多数生えている。葉を取るときや水をやるときなどにこのとげに触れると、とびあがるくらいに痛い。よほど厚い手袋でもしていないと、収穫にも障る。ところがよくしたもので、サンショウのなかにはこのとげのない品種がある。何かの理由でとげを作る遺伝子が壊れたものと考えられるが、収穫などの作業にはずいぶんと都合がよい。「朝倉山椒《あさくら》」と呼ばれる品種がそれである。朝倉山椒の名は、一六八〇年ころに編纂《へんさん》されたと伝わる『百姓伝記《ひゃくしょうでんき》』に「山枡《さんしょう》にいろいろあり……丹波国朝倉さんせう取分よし」とあるから、このころには評判の品種であった（古島敏雄《ふるしまとしお》校注『百姓伝記』上巻、岩波文庫、一九七七年）。

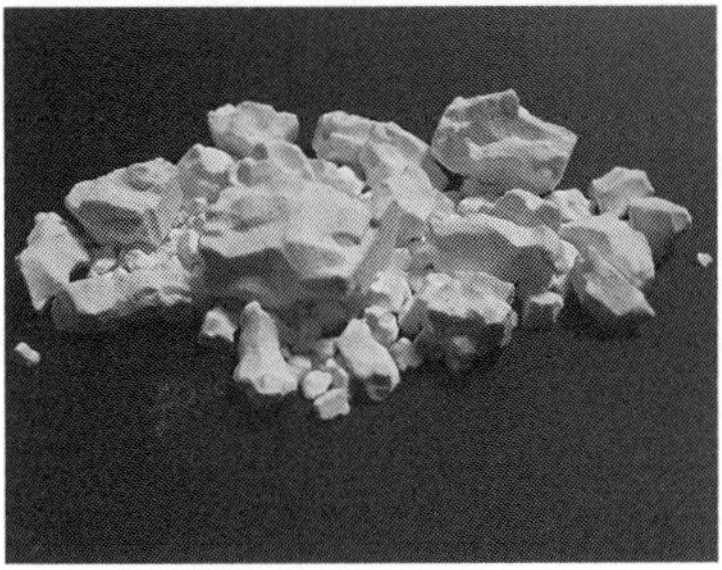

クズのデンプン

クズ（葛）とワラビ（蕨）

京都人はクズが好きである。冬にはあんかけや料理のとろみつけとしてよく使われる。クズにはものを冷めにくくする働きがあるので、冬の寒い京都で身体を温めるのにちょうどよい。少し古いめし屋やうどん屋では、あんかけうどんが定番料理になる。あるいは、中華料理（後述）にも、しばしば使われる。

クズは夏にはくず餅や葛饅頭《くずまんじゅう》あるいは葛桜《くずざくら》など夏の和菓子の材料によく使われてきた。くず餅はくず粉を水に溶き加熱し透明にしたものを固めて作る。葛饅頭は餡玉をくず餅で包んだもの、葛桜はそれをさらに塩漬けにした桜葉で巻いたもの。どこの和菓子屋さんでもみかけるが、店ごとに趣向が凝らされ涼しげな感覚をみるものに与えている。一種の「見立て」であろうか。

このようにクズは、いまや高級食材である。ワラビも同じで、わらび餅は夏の和菓子の素材には欠かせない食材のひとつである。ちなみに、山口市一帯の「外郎《ういろう》」はワラビ粉で作られる。

クズやワラビは、二〇世紀のなかごろまでは飢饉《ききん》のときの救荒作物として認識されてきた。菊池勇夫《きくちいさお》さんによると、江戸時代には、今年は不作になると思われた年には、「盆後あたりから山野に出て蕨《わらび》、葛《くず》の根を掘るなど、食物になりうる糧の採取に精力を注いだ」という（菊池『飢饉の社会史』校倉書房、二〇〇〇年）。

クズは繁殖力が強く、荒れ地などに好んで生息する多年草である。荒れ地とは、人の手で森が伐《き》られるなど攪乱《かくらん》を受けたあとに成立する植生であるが、植物間には強弱がありクズは最強の種のひとつである。クズはいったん入り込むとその旺盛《おうせい》な生育であっという間に広がりはじめる。加えてアレロパシー（他感作用）と呼ばれる作用で他の植物種を抑え込み、やがてあたりをクズの純群落にしてしまう。

都市の郊外にもクズの純群落をみることがある。その昔、都の郊外にもクズの群落はたくさんあったのだろう。デンプンはその根の部分に蓄えられるが、効率よくデンプンを回収するには五年以上生育させることが必要だという。それなので、攪乱が頻繁に加わるような開けた土地では、仮にクズが生えてもクズデンプンを得ることはできない。京の郊外でクズを採るなど、いまでは望むべくもない。

ということで、京都の菓子店などが入手するクズデンプンの入手先は、いまでは、福井県、奈良県、鹿児島県など、遠隔地に移っている。しかしこれらの産地でも、クズの入手は年々困難になりつつある。原料となる根を掘り出すのが重労働であるうえ、そのデンプンを精製するにもたくさんの労力を必要とする。生産者は後継者不足に直面している。最近では、中国からの輸入品が相当出回っているらしいが、近い将来、食材の原産地表示が進むようになると、和菓子の原材料を「国産」と表示できなくなる恐れがある。

柚子

和の柑橘《かんきつ》、柚子《ゆず》。柚子は脇役《わきやく》などではない。立派な主役なのだ。冬に出回る黄色の果実はいうに及ばず、夏の間も小さく青い未熟果が料理に彩りを添えてきた。輪切りにして汁物の飾りに使うと独特の芳香が鼻腔《びこう》をくすぐり食欲をそそる。京都の食文化には欠かせない山の食材である。果実をくりぬいた残りは柚子釜《ゆずがま》と呼ばれ、しゃれた器として使われる。なかに入るのは、なます、おろし和《あ》えなどいろいろ。柚子釜ごと蒸した「柚子釜蒸し」も冬の和食の定番だ。皮の一番外側の黄色の部分は、陳皮《ちんぴ》（ミカンの皮）同様、七味唐辛子など香辛料の材料となる。あるいは、甘く煮詰めてピールやマーマレード風にしてもよい。つまり捨てるところがない。

白味噌に柚子の搾り汁を加えて香りをつけた「柚子味噌《ゆずみそ》」（ゆうみそと読むこともある）も調味料として活躍してきた。京都にもこれを作る店がいくつもあり、風呂《ふろ》吹きにしたダイコンやカブに載せるなどして使われてきた。店のなかには、「八百三《やおさん》」（東洞院《ひがしのとういん》姉小路《あねやのこうじ》西入《にしい》ル）のような、柚子味噌の専門店もある。

柚子はミカン属に属する種で、原産地は中国とされる。日本には奈良時代以前に渡来していたようだが、詳しいことはわかっていない。農林水産省によると二〇一八年（平成三十年）の国内総生産量は約二万二〇〇〇トン。うち高知県、徳島県、愛媛県三県で全体の約七〇パーセントを占める。なかでも高知県のシェアは一万一七〇〇トン。全国の生産量の半分以上が高知県である。柚子の果汁は「柚子絞り」などの名で商品化され全国に出回っている。京では、京都市右京区の水尾《みずお》が、産地として著名である。右京の愛宕山の南の山麓にある谷あいの小さな集落である。標高は三〇〇メートルほどだ。柚子もまた、山の産物なのだ。いまは過疎に悩む小さな集落にすぎないが、水尾は一九〇〇年（明治三十三年）に京都鉄道（現JR山陰《さんいん》本線）が京都と亀岡間に開通するまでは京都盆地と丹波地方を結ぶ交易路上にある交通の要衝だった。

水尾の柚子生産量は一一三トンと、高知県の一〇〇分の一にも満たないが、標高が高く、平地の産地のものに比べて香りの高い果実が得られるという。また現在の多くの産地ではカラタチの台木に接木《つぎき》した樹が使われるが、水尾ではわざと実生《みしょう》（種子）から発芽させて育てた樹を使っているという。こうすると、発芽から実がなるまでの時間が長くなる。なにしろ「桃栗《くり》三年柿八年柚子の大馬鹿一八年」というくらいなのだから。一八年が本当かどうかはわからないが、水尾の土地にある樹が希少であることは確かだろう。

生産量が少ないので、水尾の柚子は市内の料理屋などに出る程度であった。しかし大量生産、大量販売ができなければ名は通らない。生産者の高齢化や、二〇一七年、二〇一八年にこの地を襲った台風の被害などで生産は危機に瀕《ひん》している。そこで農家の人たちは組合を作って果実や一部を加工してその加工品の販売にもあたっているほか、ネット直販も始めている。ただし予約が必要である。

川魚の街

川魚

人は、エネルギーのもととなる糖質と、血肉や骨になるタンパク質などの栄養素を必要とする。日本列島は、おおまかにみれば糖質を米やイモなどから、そしてタンパク質を魚やダイズなどから得てきた。ただ、現代と違って、食される魚の多くは淡水魚であった。海の魚食文化は一部を除き沿岸地域に限られていた。

混雑する錦市場

京も、前節に書いたとおり盆地に立地し、海の魚が手に入りにくかった。それなので京都人たちはタンパク質の入手には苦労した。こうした状況下で、川魚は一貫して人びとのタンパク質を支えてきた。現在では、川魚というと、ウナギのほかはアユやイワナなどしか思い浮かばない人が多いと思うが、京都の街では、ほかにも、コイ、フナ、ゴリ、ドジョウ、モロコ、ワカサギ、ビワマスなどがよく食される。「そんなもの、食べたことない」という人も多いと思うが、もし、市内の和風の宿で朝食をとったことがある人や、あるいは飲み屋でちょっとしたつまみを食べたことがある人なら、知らず知らずのうちにこれらを食している。

川魚の大きな供給源のひとつが琵琶湖である。先に書いた種類のほとんどが生のままで、あるいは佃煮《つくだに》などに加工されて京都に出荷されている。市内の錦市場《にしきいちば》（中京区《なかぎょう》。九七ページ）は一三〇軒もの専門店が集まる市場だが、ここにも川魚を扱う店が四軒ある。それぞれが独自の川魚の商品を出しているが、おもしろいのがアユの佃煮である。アユは普通、海と川の間を回遊している。ふ化した子は川を下って海に達し、そこで育ち、少し大きくなると川を上ってくる。ところが琵琶湖には、陸封型《りくふうがた》といわれる、琵琶湖を海代わりにするタイプのアユがいる。また、なかには流れ込む河川を遡上《そじょう》せず、琵琶湖にとどまるタイプ（小アユ）もある。そういうわけで、季節になると、錦市場の川魚屋さんの店頭には大小さまざまな大きさのアユ料理が並ぶ。

アユは全国のほぼどこにでもいる魚種だが、川ごとに違った遺伝子型の集団が生息している。京都市の北部では、大堰川水系の川と由良川水系の川とが近接している。大堰川は右京区の嵐山付近で桂川と名を変え、木津川、宇治川と合流して淀川となって大阪湾に注ぐ。由良川は日本海に注ぐ。つまり京の街には、日本海、大阪湾、琵琶湖三つの水系のアユが集まる。そして、通《つう》のなかには、この三種をその味で区別できる人が少なくないらしい。

川魚料理屋

京の料理屋のなかには、アユの調理に関してとてもうるさい店が多い。とくに、「川魚料理」の看板を掲げる店にはそのような店が多いようだ。「京都吉兆《きっちょう》嵐山《あらしやま》本店」の徳岡孝二《とくおかこうじ》さんは、「アユはその日に獲れた天然物はスイカの味がする」といっている。また、串を打ち塩をしたアユはすぐに焼かなければ風味は失われるとも書いている。

旧東海道《とうかいどう》のほど近く、左京区粟田口《あわたぐち》にある「美濃吉《みのきち》」も「川魚料理」を標榜《ひょうぼう》する老舗である。店はもともと川魚料理屋であったとする「美濃吉」の佐竹力総《さたけりきふさ》さんによると、江戸時代の中期には「生け洲《す》料理」といわれる、鮮度を保つために生《い》け簀《す》で飼った川魚を提供する料理屋が存在していたという。つまり京には、川魚の漁獲を管理して安定的に供給する流通システムが出来上がっていたということになる。

京都一の繁華街、四条河原町《しじょうかわらまち》のほど近くにある「喜幸《きいこ》」は、季節になると主人が近くの鴨川に出かけてアユを釣ってくる。そしてそれを素揚げにして客に出している。まったくの天然アユで、毎日釣れるとも限らないのでメニューには載っていないが、そこが常連客の心をくすぐるのだ。それにしても、一〇〇万都市の真ん中を流れる川で天然アユが釣れるとは驚きである。淡水魚が貴重であった分、鴨川を資源管理の場としてみなで大事にしてきた心意気のようなものを感じる。三七ページにも登場する「平八茶屋」（左京区山端）にも、「川魚料理」という会席料理のコースがある。

川魚やその料理を販売する店が多いのも京の特徴だろうか。あとに書く錦市場の四軒の川魚店は、それぞれが個性的な品ぞろえでうまくすみ分けていて、なかには加工済みの一品をおく店もある。「のとよ」には、しばしば輪切りにしたコイの甘煮が出されている。運がよいとタイの子よりも大粒の卵を抱いたメスのそれに出くわすこともある。多彩な品ぞろえのアユも圧巻である。晩春から初夏にかけては生のアユも売られるが、それより早い時期には佃煮に加工されたアユが店頭を飾る。小さな個体だとそのまま、少し大きな個体になると実山椒を加えた甘露煮にして売られている。それだけ川魚の消費が多く川魚食の文化が根づいているということだろう。

スーパーマーケットのなかにも川魚を扱うところがある。地下鉄鞍馬口《くらまぐち》駅前の「鞍楽《くらら》ハウディ」の地下食品売り場には川魚のコーナーがある。市民のなかにもそれだけの需要があるということである。

コイと鯉揚げ

右京区の西の端近くにある大覚寺の東一キロメートルほどのところに広沢池《ひろさわのいけ》という溜池《ためいけ》がある。周囲一・三キロメートルの、京都では大きな溜池である。もとはここにあった真言宗《しんごんしゅう》遍照寺《へんじょうじ》の創建のころ（一〇世紀末）に寺の施設としてできた池といわれるが、池は、寺が衰退してからも溜池として使われてきたようだ。土地をみると、東側と北側に山があり、西側には緩やかな傾斜面に棚田が広がっている。そして南側が浅い谷となって桂川の氾濫原につながっている。池は、この谷をせき止める形で作られている。

広沢池では、毎年一二月上、中旬に水を抜いて設備のメンテナンスをおこなう。このときに、池にいる魚をさらって成魚だけを売り出す。これが「鯉《こい》揚げ」である。獲られた魚たちは、料理屋や個人に販売される。魚種は豊富で、看板にはコイ、モロコ、フナ、エビなどとある。二〇二〇年（令和二年）の冬に見たところではコイが一キログラムで三〇〇〇円と、結構な値がついていた。

広沢池の鯉揚げ（著者撮影）

池の組合は、毎年春になるとコイなどの稚魚を池に放している。一二月の鯉揚げの際、年数のゆかない小さな個体はしばらく飼っておき、春先に再び池に水を張ってから池に戻す。これを繰り返すことで、何年生かの大きな個体だけを売りに出している。

広沢池に限らず、京都にはいくつかの天然、人工の池があった。いまはその姿を消してしまったが、木津川、宇治川、桂川の三川合流点にあった巨椋池もそのひとつである。そしてここもまた、近在の村に漁業権が設定されていたほどの大きな淡水魚の生産地であった。

ところで京では、コイはあまたある魚種の頂点にある。これもまた京が川魚の街であることを示すかのようだ。西陣に店を構える「萬亀楼《まんかめろう》」の当主で、庖丁式生間《いかま》流《りゅう》の継承者でもある小西将清《まさきよ》さんはインタビューに対し、「庖丁式で使われる魚で最高のものはタイではなくコイである」と答えている。

なお、現代では、タイは最高級の魚とされ、正月や婚礼の儀式などには必ず食卓に上る。大相撲でも、優勝した力士がタイをささげるところがテレビなどでみられる。『四条《しじょう》流《りゅう》庖丁《ほうちょう》書《しょ》』には「美物《びぶつ》上下の事、上は海の物、中は河の物、下は山の物」とある(上田《うえだ》純一《じゅんいち》さんのご教示による)。しかしそれは現代の基準で、京ではコイがその上に君臨する時代があった。コイとタイのどちらが上位かは時代や立場により変わるのかもしれない。

フナズシ

ここでいう川魚料理は、もちろんコイやアユのそれだけではない。一三ページで触れたすっぽんや、隣県滋賀に残るフナズシもある。そのフナズシだが、以下のように作られる。

まず、おもにニゴロブナを使い、早春にそのえらやはらわたを取ったものを塩漬けにしておく。六月ころ、専用の木桶《きおけ》に炊いた飯、塩漬けのフナを敷き詰め、塩をする。そしてまた飯を敷き、フナ、飯を交互に積み重ねてゆく。フナのなかに飯を詰めてから積み重ねることもある。

桶いっぱいになったところできつく封をして重石《おもし》を載せ、この状態で半年以上おく。漬け込む時期は六月ころだから、年末には一応の完成をみる。

生の魚を使うにもかかわらず腐らないのは、塩と専用の桶に棲《す》みついた乳酸菌のためである。つまりフナズシは一種の発酵食品である。出来上がったフナズシは独特の香りと強いうまみ、塩味と酸味を醸しだす。しかも飯の部分は「和のチーズ」といわれるほどに濃厚な味を持つ。

フナズシはフナで作るからフナズシだが、アユなどフナ以外の魚種を使うこともある。米に代わってアワを使うこともある。これらはナレズシと総称される。ナレズシは相当に長い歴史を持つようだ。石毛直道《いしげなおみち》さんは、ナレズシの発祥を東南アジアの内陸部と想定し、日本には文字よりも前に伝来してきたと考えている。つまりそれは川魚料理の一種だったのだ。ナレズシはその後、海の魚を使う、野菜などを加えるなどのバリエーションが生まれ、地域もしだいに北のほうへと広がっていった。イズシといわれる食品がそれで、石川から富山にかけて広がるカブラズシ、秋田県にみられるハタハタズシなどがその好例である。また東北地方には漬物に魚を加えることもあって、これもまたイズシの一種と呼んでよいだろう。

ナレズシ、イズシなどの食品は京にもあったらしい。そのことを暗示する物語が『今昔物語集《こんじゃくものがたりしゅう》』にも登場する。ある男が知人宅を訪れたとき、路端で「スシアユ」を売っていた酔っ払いの女性が嘔吐《おうと》した。なんと彼女は吐瀉物《としゃぶつ》を商品にもかけてしまった。どうするかとみていたら、彼女は手で吐瀉物を商品に混ぜ込んでしまった、というのだ。とても汚い話で、みていた男も彼女の行為に強い嫌悪を感じているが、冷静に考えればこの時代のスシアユなるものが、この話に信憑性《しんぴょうせい》を持たせるような、強い臭いを発するどろどろしたものだったことを想像させる。

さて、このような話は脇において、いまの京都をみてみる。いまの京ではナレズシはあまり食べられていないように思われがちだが、そんなことはない。たびたび登場する錦市場の川魚店。ここには必ずといってよいほどフナズシがおかれている。市内にはこのフナズシにほれ込み、フナズシのご飯の部分を隠し味にする店があると、食ジャーナリストの森枝卓士《もりえだたかし》さんに教えてもらった。二条駅の近くにある「大鵬《たいほう》」という中華料理の店だ。使うのは滋賀県長浜《ながはま》市余呉《よご》にある「徳山鮓《とくやまずし》」のフナズシのみ。料理の世界では、「(味の)強いものには強いものを合わせよ」というのだそうだが、これもまさにその例といってよいだろう。中華料理店では化学調味料がよく使われているようだが、「大鵬」では使わない。フナズシのご飯の部分を使うのは、食品本来のうまみを使うという点でも理にかなっている。

このように、京には川魚と呼ばれる淡水魚の食文化が古くから根づき、人びとのいのちをつないできた。資源に乏しい街の工夫が生んだ、いわば「欠乏下の工夫」が川魚料理、川魚食文化なのであろう。まさに、「必要は発明の母」だったのである。

京都盆地の閉じた循環

京の野

形あるものは必ず潰《つい》えるという法則は、わたしたちの身体にもそのままあてはまる。わたしたちの身体もまた、いつかは必ず失われる。つまり、生まれ出たわたしたちのすべてが、いずれは何らかの形で土に還《かえ》るのである。そして、近世以前の京都では、その場を野と呼んだ。

京都には「野」の字を持つ地名が多い。嵯峨野、化野、紫野《むらさきの》、熊野《くまの》、鳥辺野《とりべの》、蓮台野《れんだいの》、北野《きたの》などなど。野の字のつく地名などどこにでもあると思われるだろうが、京都の「野」の少なくともいくつかは、他の地域の野とは少し違っている。というのも、京都の「野」には死体置き場の意味合いがあるからだ。

吉田兼好《よしだけんこう》の『徒然草《つれづれぐさ》』の第七段には以下のような一文がある。

> あだし野の露消ゆる時なく、鳥部山の煙立ち去らでのみ住み果つる習ひ

あだし野の「露が消えない」というのは、そこにおかれる遺体がひきもきらない様子を表している。その化野とは、京都盆地の西の端にある土地である（二〇ページ）。化野の一番奥にあ

る念仏寺には、平安時代から江戸時代ころに造られた石仏が多数集められて安置されており、それが京都もののテレビドラマなどでしばしば使われるようになって名をはせた。

鳥辺山《とりべやま》はいまの清水寺の下あたりにあった「野」で、ここでは火葬がおこなわれてきたといわれる。鳥辺山の煙が立ち去らない、というのは火葬が日々おこなわれてきたことを物語っている。この土地は、近くに、あの世に通じるといわれる「六道の辻《ろくどうのつじ》」や、あるいは境内に、小野篁《おののたかむら》があの世との往《ゆ》き来《き》に使ったという井戸のある六道珍皇寺《ろくどうちんのうじ》がある。昔の人には、さぞ、恐ろしくもあり、また神聖な場所でもあったに相違ない。

蓮台野は、市街地の西北部、船岡山《ふなおかやま》の麓一帯をさす地名である。船岡山は市街地にある小さな山であるが、この山やその周辺もまた特別な場所である。この山に接し南北に走る通りが「千本通《せんぼんどおり》」。卒塔婆《そとば》がたくさん立ち並んでいたことからこの名ができたという。京の人びとは千本通を上って野辺の送りをしたのだろう。このように、京では、野はかつての死体置き場、つまり葬送の場であり、また魂の宿る場だったことを意味する。一般人は墓や墳墓を作ることを禁じられていた時代のこと、遺体は野に運ばれ、そこに放置されたのだろう。

野は、少し小高いところにある。遺体は野で微生物や小動物によって分解され、ミネラルは水に運ばれ里に達した。そしてそこでイネや野菜を育《はぐく》んだ。あるいは川に流れ込み川魚を育てた。最後は海に達して海の生き物のいのちを支えた。つまり、人の身体を構成する物質は京都盆地をはじめ日本列島の生態系のなかをめぐっていたのである。人は、その時代、まだ生態系の一員であったのだ。

もうひとつの循環

「京都大原三千院《さんぜんいん》、恋に疲れた女がひとり……」

左京区大原。一九七〇年代にはやった永六輔《えいろくすけ》作詞、いずみたく作曲の「女ひとり」で有名になった土地である。鴨川の支流のひとつである高野川を、賀茂川との合流点から一〇キロメートルあまりさかのぼったところにある。

もの静かな歌の文句のとおり、大原は古来隠棲《いんせい》の地でもあった。三千院の西北二キロメートルほどの寂光院《じゃっこういん》の主は建礼門院《けんれいもんいん》。平清盛《たいらのきよもり》の子であり、安徳《あんとく》天皇の生母であった女性の、平家《へいけ》亡き後の隠棲の場が寂光院である。

いっぽう近世には大原は京の食料生産基地としての役割を担った。大原女《おはらめ》という語をご存じだろうか。大原あたりで生産された野菜や花を市内で売り歩いた女性たちのことである。残された映像などをみると、荷車を引いたり、てんびん棒で荷をかついだり、あるいは頭の上に駕籠《かご》を載せて運んだりもした。大原の中心部から鴨川の支流である高野川に沿って市の入り口である荒神口《こうじんぐち》までは約一二キロメートル。明治以降、鴨川の東側が開発されてからは販売先が川の東側に動いたようだが、それでも女性の体力では重労働であったことだろう。

野菜の生産には水と肥料は欠かせない。京都盆地や周辺地域は水にはあまり困らなかったようだが、肥料は市民の排泄物《はいせつぶつ》が使われていた。京都は大都市であったので、その排泄物の需要は近在の農村から引きも切らず、一部は、鴨川を下って摂津《せっつ》から河内《かわち》の農家にも販売されていたらしい。排泄物の取引をめぐる争いまでおきていたようで、価格が高騰する事態にもなっていた(水本邦彦《みずもとくにひこ》編『京都と京街道　街道の日本史32』吉川弘文館、二〇〇二年)。

その一部は川をさかのぼってこの大原にも運ばれていた。大原野村町《のむらちょう》には、かつて市内から運ばれてきた排泄物を溜めて発酵させる野つぼがおかれていたといい、その場所も特定されている。

じつは、大都市郊外の食料生産基地はどこもこうした装置を持っていたことが知られている。江戸や大坂には、都市民たちの排泄物を郊外に運ぶ業者やそのための専用船があった。あるいは、野菜を運んできた農家の人びとが、帰りに排泄物を持ち帰るようなこともあった。いまでは考えられないことだが、化学肥料などなかった時代、排泄物は貴重な肥料、つまりは資源だったのである。いな、排泄物を生産地に還す仕組みは一種の「循環」であり、食料の持続可能な生産の根幹をなす業である。つまり京の都も、京都盆地というひとつの地域内で、閉じた生態系をなしていたのである。

第2章　京都と京都人

「先の大戦は応仁の乱」

京都人

京都は、市の人口でいえば一四六万人で全国九位（二〇二二年八月現在）。京都市の人口は一九六五年（昭和四十年）には一三六万人あまりで全国五位の位置にいたが、その後神戸市、札幌市、福岡市、川崎《かわさき》市に抜かれ、いまの順番になった。数字だけをみれば京都市は衰退傾向にある地方都市のひとつでしかない。

いっぽうで京都は、一一〇〇年にわたり都がおかれた街であり、茶道、華道、能や狂言など多岐にわたる芸術文化の中心地でもあった。また多くの仏教宗派の本山がおかれ、茶道、華道などの家元が居を構えるなど、京都はオンリー・ワンとしての特徴をいくつも持った文化都市である。こうした特徴もあり京都は日本有数の観光都市でもある。京都はずいぶんアンバランスな街なのだ。そしてこのアンバランスさゆえ、京都という街に対する評価は二分する。

京都人に対する評価は少し辛口なものが多い。たとえば東京人のなかには、京都人が心のうちをみせず、何を考えているかわからない、じつにとっつきにくいと思っている人たちが多い。となりの大阪人にも、京都人に対して同じような印象を持つ人が多い。

なぜ、京都人はそうなのか。むろん昔と違って、いまでは人の動きもはるかに活発である。いまの京都市民のなかに、京都生まれの人、または長く京都に住んでいる人たちは決して多くない。それにもかかわらず、京都人気質はそれほど変わっていないようにも見受けられる。そこが文化のおもしろいところだろうと思う。いま京都に住んでいるというだけの「よそもの」であっても、たとえば京都の正月の雑煮が白味噌仕立てであると知れば一度くらいは食べてみたいと思うだろう。そんなこと、知りもしなかった、考えもしなかったという人も少なからずいるだろうが、それでもなかには、どこかで食べてみたという人もいるはずだ。小中学校では給食にも出されることがある。子どもたちはこうして地域の食になじんでゆく。このようにして、白味噌仕立ての雑煮はいまに残っているし、これからも残ってゆくだろう。それが京の食文化であり、そこに住まう人びと、たとえば京都では京都人なのだろう。生粋の京都人がいつも目の前にいるわけではないが、京都に住んでいる人の心のなかには京都人気質が生き続けているのである。その気質のことをここでは京都人と呼ぶことにしよう。

被災の街、京都

京都に都がおかれたのが八世紀末のこと。なんとそれから一一〇〇年の長きにわたって、福《ふく》原《はら》遷都や南北朝時代などの一時期を除き天皇は京都に暮らし続けた。政治の実権を誰が握っていたかは別として、少なくとも建前の上では、政治の中心は京都にあった。なにしろ宮廷制度のなかでは、武家の頂点に立つ征夷大将軍《せいいたいしょうぐん》とて一官吏にすぎないのである。

このことに対する京都人の誇りをよく表す名文句がひとつある。それが本節の見出しにある「先の大戦は応仁《おうにん》の乱」である。日本の多くの街は太平洋戦争（一九四一～四五年）で壊滅的に破壊されたが、京の最後の壊滅的破壊が応仁の乱（一四六七～七七年）であったというわけだ。江戸も大坂も、まだその片鱗《へんりん》さえみえない時代から京は都であり日本の中心であった。つまりこの語は、京都人が、京の街がいかに古く伝統を持った街であるかを誇るのに使う語である。

むろん、京都の街が大きな断絶なしにいままで続いてきたなどということはない。京の街は応仁の乱の前から災害に襲われ続けてきた。鴨長明《かものちょうめい》の『方丈記《ほうじょうき》』に、一二世紀ころの京都の街が被った災害の様子が描かれているのは有名な話である。そもそも都市は、古今東西を問わず、崩壊と復興を繰り返してきた。記録にもよく現れるのが、火災、地震、戦争、伝染病など。これらが繰り返し、かつ複合的に都を襲ってきた。

応仁の乱以降も、京都はしばしば崩壊の淵《ふち》に立たされてきた。あいつぐ火災の記録は、京都の街が灰燼《かいじん》に帰するような大火事を幾度も経験してきたことを物語っている。その意味でいうと「先の災害」はどんどん焼け、つまりは禁門《きんもん》の変《へん》（一八六四年）による火災である。このときの出火は、いまの京都御所周辺の二カ所での放火に端を発する。原因は、幕府方と尊皇派の戦争。この戦争では死者も出ているから、明治維新が無血革命だというのは、京都の街の歴史をみればまったくあたらない。江戸城が無血で明け渡されたことは、明治維新の一面にすぎないのだ。

神社仏閣

京都は神社仏閣を多く残す街でもある。一九九四年（平成六年）に「世界文化遺産」に認定された「古都京都の文化財」を構成する一七の社寺について みれば、二条城を除く一六件が応仁の乱以前の創建である。それも一〇〇〇年以上の歴史を持つと思われるものが、創建不明とされる宇治市の宇治上《うじかみ》神社を含め一〇もある。それがこの街を観光地にした大きな理由のひとつだが、これら由緒ある神社仏閣の存在が京の食文化に大きな影響を与えてきた。

中世、武家の時代は厄災の時代であった。仏教が武家や庶民にも浸透し、寺院が各地に建立される。そのうちのいくつかがこの時代の初頭に渡来した禅宗寺院で、これらは人里離れた山中におかれるものが多かった。そのなかでも京都五山の名で知られる天龍寺、相国寺、建仁寺《けんにんじ》、東福寺、そして東福寺の塔頭《たっちゅう》である万寿寺《まんじゅじ》はその代表的なもので、どれも臨済宗《りんざいしゅう》の寺院である。また、南禅寺は「別格」の扱いになる。そして、五山に妙心寺《みょうしんじ》と大徳寺《だいとくじ》を加えた七山も、相国寺を除けば洛外《らくがい》にある。いまは都心にあるようにみえる相国寺も街の外の寺であった。そしてこれら禅宗寺院では食生活自体が修行の場であり、寺に住み込む修行僧のあるべき食の形を実践していた。これと結びつく形で生まれ育ったのが精進料理であった。これについては一五二ページに述べよう。

神社は、地域社会にあって行事の担い手であった。いまでも、多くの年中行事の担い手は神社であり、そしてそれゆえに神社と結びついた行事食がいまに多く伝わる。正月や節供、六月末の夏越《なごし》の祓《はらえ》の水無月《みなづき》（一四二ページ）、祇園祭の鱧など、それこそ枚挙に暇がない。

菅原道真（八四五〜九〇三）を祀る北野天満宮にはユニークな事例がある。北野天満宮は境内の梅園でも有名である。木の本数は一五〇〇本。

北野天満宮のずいき祭りの神輿とすみ瓔珞（著者撮影）

梅園がおかれたのは道真が梅好きだったからともいわれる。これらから収穫されるウメの実は毎年二トンを超えるそうだ。これらは梅干しに加工され、翌年正月の「大福梅《おおふくうめ》」として参拝者らに配られる。元旦に、小ぶりで乾いた梅干しと昆布に熱湯をさして作るのが大福茶。大福梅はこれに使われる。

北野天満宮にはもうひとつ、興味深い行事がある。秋の「ずいき祭」である。ずいきとはサトイモの葉柄《ようへい》のことで、漢字では芋茎《ずいき》と書く。茎ではない。芋茎の基部の皮を剝き、茹でて食べる。干しておけば保存も利くので、保存食としても使われていた。

祭りでは、屋根を芋茎で葺《ふ》いた神輿《みこし》が街を練り歩き、秋の収穫を祝った。神輿は芋茎以外にもさまざまな野菜が飾られる。神輿の四隅を飾る「すみ瓔珞《ようらく》」では、その天井部分には白ごまや九条《くじょう》ネギの種子がちりばめられ、また、柚子、田中《たなか》トウガラシ、赤ナスなどが吊《つ》り下げられていた。なお、赤ナスとはトマトではなくナスの台木にされる「平ナス」(*Solanum intergrifolium*)のことである。ほかにも賀茂ナスを表現した飾りがつけられた。獅子頭《ししがしら》は、カシライモを逆さに吊して表現されていた。根が髪になり、また口は赤いトウガラシ、眼《め》にはクリが使われていた。

中世までの人びとにとっては、神社と仏教寺院の違いは現代人の感覚からすればもっとあいまいなものだっただろう。修験のような、地域性の強い山岳宗教も庶民の間に広く浸透していた。京都には聖護院《しょうごいん》という御寺《みてら》があるが、この寺は中世、熊野《くまの》の修験や富士山《ふじさん》の修験とのかかわりを持ち続けていた。こうしたかかわりは熊野と京都、富士山と京都のかかわりを強めたことだろう。

人の移動は旅である。旅が盛んになれば旅の食が生まれる。外食のおこりである。外食のおこりを江戸時代に求める言説が多いが、それは江戸の街だけをみてきたからである。宗教活動は、もっと古い時代から旅という活動を生み、外食を生んできた。

いずれにせよ、宗教施設は行事の担い手であり、そのたびに多くの人が集う一種の社会装置であった。そして行事には食がついてまわる。宗教施設の多かったことが、京を食の先進地にした大きな理由ではないかと思われる。

京の米と酒

京都の米

京は長く米の集積地ではあり続けたものの、米の産地ではなかった。郊外に農地はあったが、江戸時代にはすでに近郊農業が成立していて、より付加価値の高い野菜などが盛んに栽培されていたので、米の生産量は限られた。しかし同時に、京都は、米の新しい品種を生み出してきた土地でもある。

一九三三年（昭和八年）には、府農業試験場丹後《たんご》分場で、酒造専用の品種である「祝《いわい》」が育

「酒米野条穂発祥之地」碑（兵庫県加西市野条町）（著者撮影）

成されている。この品種は育成後しばらく酒造に用いられていたが、その後「山田錦《やまだにしき》」の隆盛に押されて栽培されなくなっていた。一九五五年ころから有志の力で復興、再び京都のいくつかの酒蔵で使われるようになった。「祝」は、兵庫県の在来品種「野条穂《のじょうほ》」から選抜を受けて育成された。「野条穂」は、一九一七年（大正六年）ころに兵庫県加西《かさい》市野条《のじょう》の蓬莱重吉《ほうらいじゅうきち》という人が「奈良穂」という品種から選抜したという（蓬莱正史《まさし》氏へのインタビューによる）。つまり「野条」は地名である。「野条穂」の来歴は比較的詳しく調べられており、起源をたどってみると、一八四〇年（天保《てんぽう》十一年）ころに四国遍路の雲水《うんすい》の一人が旅の途中に見いだした一穂を奈良専二《ならせんじ》という人がもらい受けて改良した「奈良穂」にたどりつく。「奈良穂」から「祝」までは純系選抜による改良である。つまり「祝」は「奈良穂」のバリエーションのひとつなので、奈良穂の性格を比較的よくいまに伝えるものといえる。

一九一〇年（明治四十三年）には、京都市の南西の郊外、乙訓《おとくに》郡物集女《もずめ》村（いまの向日《むこう》市物集女町）の山本新次郎《やまもとしんじろう》によって「旭《あさひ》」という品種が育成されている。育成の三年前、新次郎は、自分が耕す田に栽培していた品種「日ノ出《ひので》」の株のなかに、旭のもととなる株を見いだした。

彼はこれを三年にわたって試作し、よい品種と思われたため京都府の農業試験場に持ち込んで新たな品種として採用するように頼んだのである。

「旭」は、当初はなかなか普及しなかった。しかし時代がこの品種を放ってはおかなかった。世は、富国強兵、何が何でも米を増産しなければならなかった時代から、多少は質を意識する時代へ移ろうとしているときであった。そして「旭」は、この時代、質の高い米に位置づけられていた。その栽培面積は、最盛期には五〇万ヘクタールを超えるまでになった。

「旭」は、育種家にも好まれた。近現代の品種改良のおもな手段は、二つの品種を人工的に掛け合わせて新しい品種を作る「交配育種法」である。たとえば品種Aが「いもち病という病気に弱い」欠点を持っていて、これを改良したいと思ったとしよう。Aは、他の性質についてはすぐれていて捨てがたい。このとき、「他の性質はAに劣るがいもち病には強い」性質を持つ品種Bを持ってきてAと掛け合わせる。そしてその子孫のなかから「Aと似た性質を持ちつついもち病に強い」性質を持つものを選び出して新しい品種にする。「旭」は、品種Aとして盛んに用いられた。「旭」は、その後、農林8号を生みさらには農林22号になり、そして農林1号との掛け合わせにより「コシヒカリ」となった。つまり「旭」がなければ、コシヒカリはなかったのである。

いまではすっかり忘れ去られてしまった京都生まれの品種もある。「京早稲《きょうわせ》」がそれである。のちに和歌山県会議員になった前島正房《まえじままさふさ》が一八六八年（慶応《けいおう》四年）三月に京都の八坂神社を訪れた際、一穂の稲穂を手に入れて故郷で試作したところたいそう出来がよく、またうまい米であったという。また、同地ではかなりの早生《わせ》になったので（八月二五日には収穫ができたという）、京早稲の名を授けた。そして一八九三年一一月発刊の「大日本農会報一四六号」に「希望者に種子を分譲する」と広告を出したところ、一〇〇名近い応募があったという（前島、一八九四。『大日本農会報』一五一、三三ページ）。

ただその後、「京早稲」のゆくえは杳《よう》として知れない。それにしても前島はなぜこの時期に京都を訪れたのだろうか。一八六八年三月といえば京都は大混乱のさなかにあった。まずこの四年足らず前の一八六四年（元治《げんじ》元年）七月には、いわゆる「禁門の変」がおこり京都市街の中心部は丸焼けになっている。そして一八六八年一月の鳥羽伏見《とばふしみ》の戦いでは、大坂〜京都間の淀《よど》、伏見付近を含む京阪一帯が戦場になった。和歌山から京に出かけるとすれば、当然このあたりを通ることになる。そして、三月。戦い後の大混乱の時期であったはずだ。ゆっくりと物見遊山に出かけられるような平和な時代、場所ではなかったようにも考えられる。

京都生まれともいわれる酒米の品種がもうひとつある。一八五二年（嘉永《かえい》五年）、長州《ちょうしゅう》藩士内海五座衛門《うつみござえもん》が、京都の郊外でたまたま目にとめた稲穂を国元（いまの岩国《いわくに》市）に持ち帰って知人に栽培させたところ成績良好であったので、これを「都《みやこ》」と名づけた。「都」はその後、殿様の御膳米となるなど好評を博したが、一八九〇年には山口市内の伊藤音市《いとうおといち》によって「穀《こく》良都《りょうみやこ》」に改良され、その後はもっぱら酒米として栽培されるに至った。現在福岡県に「穀良都」という銘柄の酒があるが、これは品種「穀良都」を醸して造られる酒として知られている。先の「祝」にせよこの「都」にせよ、どちらも粒が大きく、背が高く穂が長い性質を持つ。このような特徴を持つ品種を「穂重型《ほじゅうがた》」と呼ぶが、そのうちとくに一九世紀に西日本各地で見いだされたものを「白玉属《しらたまぞく》」と呼んでいる。このころの京都や兵庫の水田地帯からは、この「白玉属」に属する品種がいくつも生み出されてきたのである。

酒と麴

米には特殊な霊力があると信じられてきた。稲魂信仰である。鏡餅はもち米から作られ、正月に降りてくる年神様のよりしろとなる。正月が終われば神様は山に戻られる。このときに鏡餅を割れば（鏡割り）厄除けになるというわけである。そして米から造られる酒もまた、神事とは切っても切れない関係にある。

米の酒を醸すには十分な量の米を安定的に手に入れることが必要である。米は、古代以来、税として都はじめ都市に集められてきた。京は一一〇〇年にわたって都だった都市であり、多くの米が集められてきた。京は豊かな水もあったので、酒つくりには格好の土地であった。そして、米のデンプンを糖に変える麴も、専門業者の手で改良が加えられ、さらに培養の技が磨かれ、発酵にかかわる知と技が集積されていた。京都にはすでに一四世紀には「麴座」という同業組合ができており、室町幕府から独占的な販売権を得て市中の発酵産業の元締め的な役割を担っていた。ただし、酒造業者たちはこの座には加わらず、別途業界内で情報交換して大きな産業へと成長していった。それで麴座と酒造業界との間には大きな摩擦が生じた。騒ぎは比叡山延暦寺や北野天満宮を巻き込む大騒動へと発展した。

騒動の顚末《てんまつ》はともかくとして、その背景にあったのが麴を使う食品産業が巨大な神社仏閣をも巻き込む騒動につながるほど大きな産業に発展していたことであろう。そして、麴座と争った酒造業者もまた、麴を、品質を維持しながら代々継いでゆく独自の技術とノウハウを持っていた。先に、この時代には洛中に三四〇軒もの酒蔵があったと書いたが、酒造はすでに立派な食品産業へと発展していたのである。

この時代の京都には、街中の消費を支える酒造業が、経営的にも技術的にも成立していた。京都の街にこれほどの酒の需要があった背景には、天皇を中心とする貴族社会、官僚社会が存在したうえ、社寺の存在が大きい。というのも、彼らこそ行事や祭祀《さいし》の主催者であり、そしてその行事には必ずといってよいほど酒がついてまわったからである。

ところで京都は発酵産業の街でもある。先の麴座の一件以降、酒造業者は麴を自家生産する権利を獲得したが、麴産業は酒造に限らず、味噌、醬油の製造など多岐に及んでいた。麴座の業者たちはこれら業者に麴を売って利益を得ていた。麴の取り扱いには高度の技術と専門知識が必要である。この技術を一子相伝の形で代々伝えてきたのがいまの麴屋ではないかというのが、京の街に唯一残る種麴屋、「菱六《ひしろく》」の助野《すけの》彰彦《あきひこ》社長である。菱六は創業三五〇年と伝わるから、江戸時代の初期から京にあった種麴屋である。当時、京の街には何軒もの種麴屋があったようだ。しかしそれらは一軒消えまた一軒と消えて、いまは東山区の菱六だけが残った。

菱六は、現在では、酒だけではなく、味噌、醬油など京の多くの発酵産業に種麴を提供している。その意味では、京の発酵食品の屋台骨を支えているのがこの菱六であるともいえる。

京の酒蔵と造酢

酒蔵の数に関する記録は潤沢とはいえないまでもいくつかあるようだ。一七七〇年（明和《めいわ》七年）に編纂された『花洛銘酒鑑《からくめいしゅかがみ》』には、洛中の二〇四軒の酒蔵の位置や銘柄が記載されている。吉田玄さんによれば江戸中期の元禄《げんろく》時代（一六八八〜一七〇四）には洛中だけで五五一軒の酒蔵があったが、その後は減少したようで幕末まではほぼ二五〇軒程度で推移している。とくに安永《あんえい》時代（一七七二年ころ）からは天明飢饉《てんめいききん》の影響による米不足、天明の大火災（一七八八年）による社会の混乱などがあり、また他地域からの良質な酒の移入などもあって京の酒造は低迷していたといわれる。

酒蔵の数は明治以降徐々に減少した。生産者が減れば寡占が進むのが常だが、酒蔵の場合は、全国規模の販売網を持つ蔵はあまりない。その意味では味噌と似ている。逆に全国規模の生産者を持つのが醬油で、大手の生産者が全体の生産を下支えしている。零細な業者が各地にあるが、生産量からみるとわずかでしかない。

明治以降、多くの酒蔵が廃業したが、南部の伏見に移転した蔵も一部あった。いまでは京都の酒というとまっさきに伏見が思い出されるが、それはおもに明治時代以降のことである。伏見は江戸末期には、地の利の悪さから江戸向けの流通からとり残され、また鳥羽伏見の戦いで被災して酒蔵も壊滅的な被害を受けた。しかし、一八八九年の東海道本線の開通もあり、交通の便がよくなったことで、状況が大きく変わった。よい地下水があることも手伝って、伏見は今や日本有数の酒どころとなった。

いっぽう、現在ではいわゆる洛中にあたる地域で酒を造り続けるのは上京《かみぎょう》区の佐々木酒造一軒だけである。また、鴨川の東、東一条通《ひがしいちじょうどおり》沿いには松井《まつい》酒造という酒蔵がある。市街地にある昔ながらの酒蔵はこの二軒だけである。

あまり意識されていないことだが、酒を原料に作られる調味料に酢（米酢）がある。京の和食にも欠かせない食材であるが、同時に友禅染めの色止めにも使われてきたという。それなので元禄時代に友禅が盛んになると造酢業も大発展を遂げたようだ。京の酒は全量が飲まれたわけではない。西陣の退潮とともに造酢店も減少した。いまも市内に残る造酢店はおそらく数店舗。酒蔵も減ったが、造酢店も減少した。

京都人は「しまり屋」

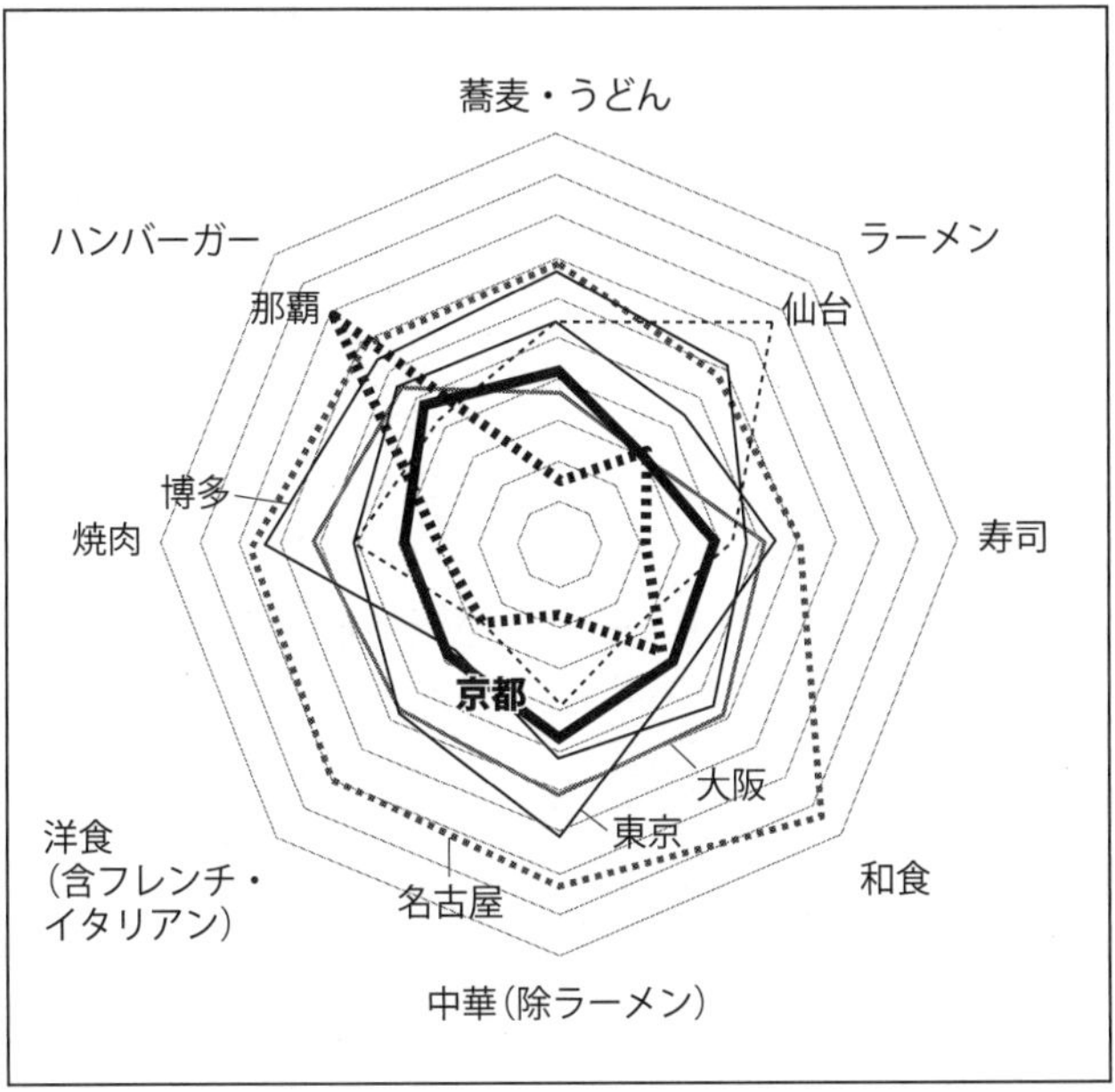

全国７都市の外食

外食しない京都人

ミシュランの三ツ星店を七つも持ち、ほかにも世界的な飲食店の支店が軒を並べる京都市。いっぽうでイタリアンの激戦地、ラーメン激戦地であると聞けば、京都外の人びとは、きっと京都人がみなグルメで食べることにうるさい人たちだと思われるだろう。ところが意外にも京都人の日々の食は質素である。もっとありていにいえば京都の人は食べることに関しては「しまり屋」である。すでに述べたように、関西には昔から、「大阪の食い倒れ、京の着倒れ、神戸の履きだおれ」という言葉がある。三都の性格をじつにうまく言い当てたもので、これによると京都は着るものの街である。食うことでいえばむしろ大阪が本場である。

このことをよく示すデータがある。前ページの図は、全国七都市の外食の状況（二〇一五〜一七年）を、八種類の外食についてまとめたものである。それぞれの都市の特徴は、この八角形の形で表現されている。形が正八角形に近い街は、市民たちが八種類の外食それぞれに満遍なく出費していることを示す。何かひとつのジャンルが突出して多かったり、反対に少なかったりすると八角形の形は崩れてくる。また、八角形の大きさは、外食が盛んであればあるほど大きくなる。

まず目立つのが名古屋市で、その形は正八角形に近く、またどの都市よりも大きくなっている。つまり名古屋市は、ここに取り上げた七都市のなかでは最も外食が盛んで、かつジャンルを問わずいろいろな種類の外食を楽しんでいることがわかる。

京都市も名古屋市や東京都（二三区部）と同様、正八角形に近い形をしているが、その大きさは、東京や名古屋に比べて明らかに小さい。つまり京都市民は、いろいろな外食を食べはするが量からすればごくつましいということになる。あれだけ観光客が多く、店が多いにもかかわらず、である。つまり京都の外食店は京都以外の人びと、おそらくは観光客やビジネス客によって支えられているということなのだろう。なお、図には登場しないが京都と似た状況にあるのが長崎市だ。ここも、観光客の多い街でありながら、市民の外食はきわめて低調である。

「街なかの飲食店は観光客用のもの」という事情は、那覇市や長崎市同様、観光地に共通の特徴なのかもしれない。

なおこのデータは、「二人以上の世帯」を対象にした値によっている。学生のような単身世帯を対象として統計をとれば、また違った傾向が出ることも予想される。

ぶぶづけの言説

京都には、「ぶぶづけ」というものがある。「お茶漬け」のことだが、この語には、ちょっとした物語がある。京都ではぶぶづけ、つまり「茶漬け」を勧められれば帰宅を促されている、というのである。

「ぶぶづけでも、どうです?」

といわれて、

「では一杯だけ」

などと答えようものなら、帰ってから何をいわれるかわかったものではない、ということになっている。

この話のもとが上方《かみがた》落語の「京の茶漬け」にあるのはよく知られた話だが、「ぶぶづけ」の話が本当かどうかをめぐって、インターネットなどにはさまざまな見解がある。わたしも学生のころにこの話を聞いたことがあったが、幸か不幸かそのようにいわれたことはこれまでなかった。もっともなじみの飲み屋で、「そろそろお茶漬けにしますか」といわれたことがあったが、あれは「もう帰れ」ということだったのだろうか。

最近では、よそのお宅にお邪魔するという機会はめっきり減った。とくに勤め人の場合は新年のあいさつでもない限りよそのお宅を訪問することなど、ほとんどなくなった。ぶぶづけの話など、そもそもの背景が失われつつある。

それにしても、昔の京都人はなぜ、ぶぶづけなどを食べたのだろうか。当時のぶぶづけは文字通りの茶漬け、あるいは湯漬けで、きわめて質素な食べ物である。いまのそれのように、鮭《さけ》茶漬《ちゃづ》け、昆布茶漬けのような、飲み屋の締めのメニューに載りそうな豪華なものではない。冷えた飯に、白湯《さゆ》や茶をかけてさらさらとかきこむ、おかずはせいぜい漬物程度、というのがぶぶづけであった。そう、ぶぶづけは、いかにも京の商売人の節約精神の発露であったのだ。

喜多川守貞《きたがわもりさだ》の『守貞謾稿《もりさだまんこう》』によれば江戸時代、京、大坂では、飯は一日一回、昼に炊くのが普通であった。すると夜も翌朝も飯は冷ご飯になってしまう。夏ならばともかく、冬には大変である。ぶぶづけは、身体を温め、すぐ仕事にかかれるよう工夫した、ということではなかったのだろうか。

夏は夏で事情があった。昔、飯が饐《す》えるという言い方があった。一種の腐敗であるが、夜温の高いときに飯を放っておくと発酵が進み、酸っぱい、独特のにおいを発するようになる。いまと違って保温ジャーや保温機能のついた炊飯器などなかった時代である。炊きあがった飯は櫃《ひつ》に入れて保存するしかなかった。わたしの祖母は、飯が饐えると熱湯をかけて洗い、さらにそれを茶漬けにして食べていた。ぶぶづけは、饐えた飯を捨てずに食べる知恵であったのかもしれない。

商業と家内工業の街――洛中

洛中の構造――丸竹夷

さて、京都の地名はわかりにくいと感じる人も多いだろう。とくに中心部の碁盤目の地域の地名がわかりづらいとの指摘はよく耳にする。よその街では、地名は町単位、つまりひとつの区域に地名が与えられ、それが住所表示や公共交通機関の停留所名にも使われてきた。タクシーに乗っても行き先を告げる第一声はその区域名であることが多い。東京駅ならば「虎ノ門《とらもん》」「神保町《じんぼうちょう》」、新大阪駅ならば「千里《せんり》」「キタ」という具合である。ところが、京都では状況は少し違っている。市内の中心部では東西の通りと南北の通りの交点を軸に地名を作っている。京都人の頭のなかにはこの座標軸がおかれている。

わたしのなじみの店のひとつ「招猩庵《しょうじょうあん》」は、南北に走る木屋町通と東西に走る二条通の交差点（三叉路《さんさろ》）である「木屋町二条」の南（木屋町二条下《さが》ル）にあるので、タクシーに乗るとそのように告げる。慣れた運転手ならば、「ええと、押小路橋《おしこうじばし》のこっち？　向こう？」と聞いて

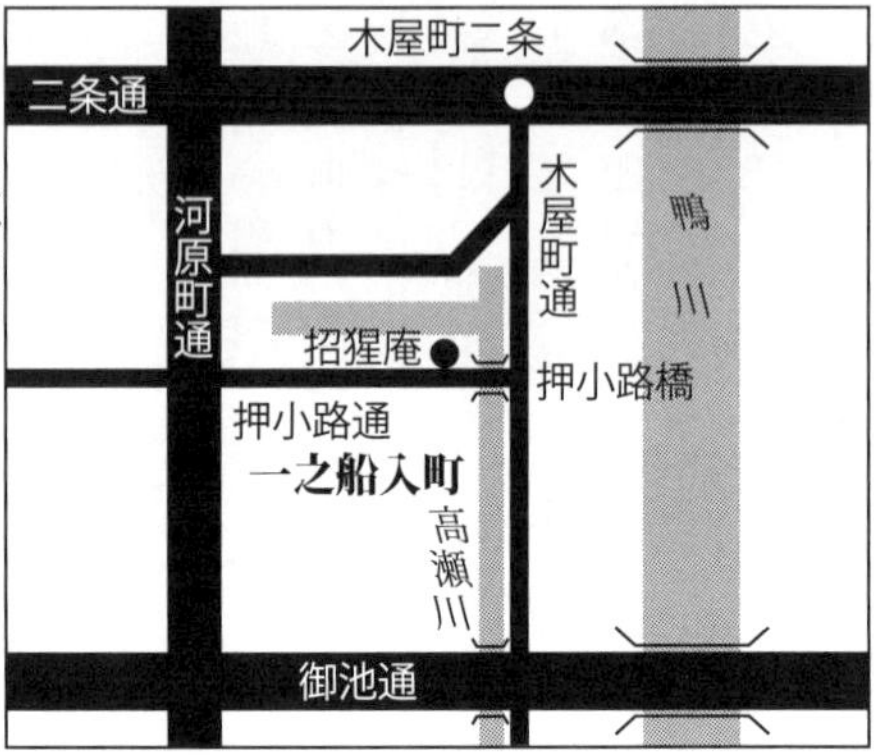

木屋町二条下ル

くるので、「橋のとこ」と答える。つまりその店は「木屋町二条の交差点から南行、一方通行の木屋町通を南下したところ」にあって、どこまで南下するかと問われたので「押小路通《おしこうじどおり》（という狭い小路）が高瀬川を渡る押小路橋」付近で停《と》めてくれ、といっているのだ。もしタクシーの運転手に、「中京区一之船入町《いちのふないりちょう》」といっても、すぐにはピンとこないだろう。

京都市の学校では、——いまも変わらないと思われるのだが——東西に走る通りの名前を歌に乗せて教えている。

丸竹夷二押御池《まるたけえびすにおしおいけ》、姉三六角蛸錦《あねさんろっかくたこにしき》、四綾仏高松《しあやぶったかまつ》
万五条《まんごじょう》……

知らない人には何のことだかさっぱりわかるまい。念のために記すと、丸太町《まるたまち》、竹屋町《たけやまち》、夷川《えびすがわ》、二条、押小路、御池《おいけ》、姉小路《あねやのこうじ》、三条、六角《ろっかく》、蛸薬師《たこやくし》、錦《にしき》、四条、綾小路《あやのこうじ》、仏光寺《ぶっこうじ》、高辻《たかつじ》、松原《まつばら》、万寿寺《まんじゅじ》、五条……という通りの名前である。歌の起源はよくわからないようだ。

しかし覚えておくととても便利がよい。今日の飲み会の場所を参加者に伝えるのには、「蛸薬師界町上ル」のようにいえばよい。いわれたほうは「丸竹夷二……」とうたってみて、「蛸」が三条通の二本南の通りであることを確かめるのだ。なお、交差点からどちらの方向に進めばよいかは「三条高倉《たかくら》」上がる（または上ル）、下がる（下ル）、東入ル、西入ル四つのどれかで示される。

このシステムがいかに広く定着しているかは、市内を南北に走る地下鉄烏丸線の駅名にも表れている。烏丸線の駅名は、ほぼ例外なく東西に走る道路名を冠している。京都駅を起点に北に行くと、順に、五条、四条、烏丸御池《からすまおいけ》、丸太町、今出川《いまでがわ》、鞍馬口、北大路《きたおおじ》、北山、と続く。終点の国際会館《こくさいかいかん》前《まえ》駅、そのひとつ手前の松ケ崎《まつがさき》駅を除くとすべてが東西に走る道路名と一致する（烏丸御池駅は御池通）。南に向かっても、九条駅、十条《じゅうじょう》駅があるが、これも東西に走る幹線道路名に一致する。

かといって、区域名を使うシステムがないかといえばそうではない。京には江戸時代から住民による自治組織があって、ある程度の独立性が保たれていた。明治維新の直後、京都市ではこの自治組織を「番組」という組織に改組し、番組ごとに小学校を開設する。日本で一番早い学区制の小学校の開設であった。京都市内ではいまも「○○学区」の名称が実体を伴って生きている。それは行政単位でもなければ経営の単位でもないが、市民の結束は固い。

このように、京都市街の地名は、通りと通りの交差点を座標系のようにつけられたものと、ある面積を持つ地区単位でつけられたものとの二つがある。そして市民生活のなかでは、両者がうまい具合に分けて使われている。

西陣の家内工業と食文化

京都は古くからの工業都市である。そしてその中心にあったのが西陣である。先の洛中の北側、御所の北、西あたりにあるエリアをさす。ただし西陣という行政区域はない。上京区から北《きた》区の一部を含む地域で、いまも昔の京都の風情が残る地域のひとつである。

生産されていたものの品目は多様で、「医薬品、衣類織物、武具や美術工芸品、日用雑貨、食料品」などに及んだという(『京都と京街道 街道の日本史32』)。衣類の中心は絹であった。武具や美術品も、部品は多品種で、かつ精緻《せいち》な作りの部品を集めなければならない。そして個々の部品の生産量はそれほど多くなかった。こうした工業は多くが家内工業または小規模な事業者に支えられていた。そして、技術が一子相伝のシステムにより伝えられてきた家も多い。

家内工業であるから、家族内の分業がカギを握る。家族は男も女もみな労働力だった。専業主婦などというものは存在しなかった。こうした事情は、近世、近代から戦後に至るまで、それほど大きく変わることがなかった。西陣が本当に変わったのは二〇世紀も後半に入ってからであった。生活スタイルが変わり、人びとは和服を着なくなった。和服をはじめ和装品は消費が減り、生産が立ち行かなくなっていった。「着倒れ」の街のアパレル産業が、目にみえて衰退していった。

西陣がこうなる過程を実際に体験してきた人たちがいる。京都調理師専門学校を運営する大《たい》和《わ》学園のホスピタリティ産業振興センター長、仲田雅博《なかたまさひろ》さんもその一人だ。仲田さんの実家は、西陣で食料品店を営んでいた。西陣では繁忙期になると、三度の食事の時間も惜しんで仕事が続けられた。いきおい、炊事の時間は圧迫される。仲田家の家業はその職人さんたち一家の食を支えていた。仲田さんもよくお遣いをいいつけられたという。

「○○さんにいって、だし巻届けてきて」

だし巻とはだしを加えた卵焼きのこと。ふわふわでだしの味が利いた卵焼きで、一種のファストフードでもある。ちなみに、東京の厚焼き卵とは違って、甘さはない。

西陣の人びとが行事や祭りのときに利用したのが、学区にあった仕出し屋さんや寿司屋《すしや》さんであった（二三五ページ）。家でおかずを作ることもあったが、作り置きのおかずが多かった。それらが、いま注目の「おばんざい」であった。飯は自宅で炊くことが多かったようで、炊くのはもっぱら昼であったという。おばんざいは、西陣などの家内工業が盛んな土地の食のスタイルでもあった。仕事が忙しくて食事の準備もままならない。そういう人びとの、ある種の常備菜でもあった。簡単に作れて、しかも作り置きもできる。コンビニもデパ地下の総菜売り場もなかった時代の手作りのファストフードが、おばんざいだったのである。料理のなかには作り立て、「あつあつ」がいのちというものも多いが、おばんざいはものによっては作り置き、つまり作ってから二〜三日はもつところに特徴がある。いまならば冷蔵、冷凍技術の発達で大概の料理は保存できるが、昔は大変なことだった。西陣の家内工場のように忙しい家庭にはってつけだった。位の高い貴族の社会とは違い、女中やお手伝いさんがどの家にもいるわけではなかった。だから家内工業では夫も妻も、父も母も、みなが労働力であったのである。いま日本では、家事の分担をめぐって、社会における「男女共同参画」の議論が盛んである。けれども西陣の家内工業の世界では、男女共同参画は、男女平等とはゆかないまでも、とっくに実現されていた。

大衆食堂の系譜

京都人があまり外食しないことはすでに書いた。いっぽう中食のようなものは、京の食文化のなかで認知されてきたといえよう。ハレの日の中食といえば「仕出し」であるが、ケの中食もまた、とくに西陣あたりでは街に根づいていたようだ。京都府職員である渡邊昌英さんは一九六三年(昭和三十八年)西陣の生まれ。渡邊家は家族経営の町工場を営み、機織りをしていた。

先の仲田さんの証言と同じく、渡邊家でも日々の食事はゆっくりと食卓を囲むなどという優雅なものではなかったという。食事は、仕出し屋に頼むか、昼食は店屋物か、簡単に食べられる「おかずパン」によることも多かった。おかずパンとはコッペパンのような縦長のパンに縦に切り目を入れ、間に焼きそばやコロッケ、ウインナソーセージなどを挟んだものをいう。街には、駄菓子屋、うどん屋、魚屋などが至るところにあったという。駄菓子屋にはいわゆる駄菓子のほか、先のおかずパンや菓子パンなども売られていた。パンを卸していたのは、一九四七年創業の「山一《やまいち》パン」やいまは廃業してしまった地元のパン製造業者であった。一九七〇年の万博のころになると、いまの京都市内でのパンのチェーン店の老舗である「志津屋《しづや》」が登場した。

魚屋は、生魚よりも調理済みのおかず類を多く扱っていたという。いまの総菜屋といったところだろうか。当時はまだ家庭用冷蔵庫は普及しておらず、家での食事は、こうした惣菜店《そうざいてん》を利用するか、あるいは「作り置き」に頼るしかなかった。

「うどん屋」は大衆食堂の構えである。つまりは外食店にあたるが出前もやっていたわけで、中食、外食兼用というところだろうか。メニューにはうどん以外にもそば、丼ものなどがあった。「そば」の多くは、「中華そば」あるいは「支那《しな》そば」であった。麺は中華麺だがスープはごくあっさりしており、いまの「ラーメン」とは似て非なるものである。

大衆食堂やこうしたメニューはどの街にもみられたものだが、その中身は街によりいろいろであった。たとえば、京都で丼といえば、木の葉丼や衣笠丼。「うどん」も京うどんである。そして同じ関西でも、木の葉丼は大阪のそれとは具材に微妙な違いがある。京のうどんは刻んだ薄揚げが載るものが多く、甘辛く煮た薄揚げが載る「大阪うどん」とは内容が少し異なっている。大衆食堂は京都でも西陣のみならず市内のいたるところにあった。市民の一割を占める学生がその顧客だったのだろう。

このように大衆食堂は、庶民のケの外食の担い手として重要な役割を果たしてきた。最近、全国チェーンの外食店が京の街にも増えつつある。そして、在来の大衆食堂はというと、経営者の高齢化と後継者不在が深刻になりつつある。京の食文化の固有性が、ここでも失われようとしている。

おばんざいの文化

京都の庶民の食を「おばんざい」と呼ぶことは先に書いた。「ハレ」の日の食ではなく、日常の食、である。漢字で書けば「万菜」「番菜」などとなる。語源は定かではないようだが、万の字をとるなら「いろいろ」という意味であろうし、また「番」の字をとるなら「日常使い」、または「二番、三番」の意味になるのだろう。要するに「おばんざい」は日常の食、つまり「ケ」の食である。東京の「総菜」(または惣菜)の意味に重なるものがあるのだろうか。

その名のとおり、おばんざいの種類はじつにいろいろである。ただし、何らかのゆるい決まりがあるようにも思われる。京都の食を表す語に、もうひとつ「たいたん」という語がある。「たいたん」とは「炊いたもの」という意味である(二一三ページ)。おばんざいには、この「たいたん」が多かったように思われる。

　ここでよく使われるのがあげである。壬生菜《みぶな》や水菜とあげのたいたん、小松菜とあげのたいたん、切り干し大根のたいたん、ひじきのたいたんなどには薄揚げが使われる。ちりめんじゃこもおばんざいの定番となる。万願寺《まんがんじ》トウガラシとじゃこのたいたん、などがそれだ。四〇ページの「ちりめん山椒」ももともとは、このおばんざいのひとつだったのであろう。

　おばんざいには植物性の食材が多く使われてきた。あげが多用されるのもタンパク質や脂質に富むからだろう。いまはおばんざいが野菜中心で栄養価に富んだ理想の食であるかのようにいわれているが、そして一面ではそのとおりなのだが、いっぽうでは低タンパクという側面を忘れるわけにはゆかない。

万願寺唐辛子とじゃこのたいたん

　京都は精進料理の文化の根づいた街である。精進料理ということになると肉や魚は使えない。先の、菜っぱとあげのたいたんは、鰹節《かつおぶし》など魚のだしを使わなければ精進であるが、あげのほかにもダイズを使った料理がたくさんある。

　ダイズはタンパク質に富むだけでなく、必須《ひっす》アミノ酸（体外から摂取しなければならないアミノ酸）のすべてをバランスよく含んでいる。ダイズの摂取は、栄養学の理屈にもあっている。おばんざいにもダイズ料理がある。「お豆さんのたいたん」はその代表だろうか。水につけておいて柔らかくしたダイズを、同じくらいの大きさの賽の目に切ったニンジンやこんにゃく、昆布などとともに「炊いた」ものである。ちょっと上等のものになると、これに干した小エビを入れることもある。市中の飲み屋にもおばんざいを出す店がたくさんある。出し方は思い思いというところだが、カウンターの上に一品ずつ盛った大皿を並べて提供している店も多い。

おばんざいを作るうえで大変なところは、多品種のメニューを一度に準備しなければならないところである。旬の野菜や魚、あげ、豆腐など、一軒の店で使われる食材の種類はとても多い。この点では、東京の和食である「蕎麦《そば》」「うなぎ」「寿司」などの専門店と比べて違いはきわめて顕著である。旬のものをはじめ、今日手に入った食材は何かを考え、バランスをとりながらメニューを組み立ててゆく。おばんざいという食もまた一種の総合芸術なのである。

京都でも、若い世代はおばんざいを知らないし、興味を持つ人も減ってきている。料理研究家の大原千鶴《おおはらちづる》さんは、おばんざいなど京都のお手軽料理の新メニューを開発し、テレビや雑誌で発表している。大原さんの試みがもっと受け入れられるとよいのにと思う。市街地のど真ん中にあって江戸時代初期から商売を続けてきた「奈良屋杉本家《ならやすぎもとけ》」の杉本節子《すぎもとせつこ》さんも、杉本家に伝わるレシピ集からおばんざいの発信を続けておられる。大原さんも杉本さんも、手軽に作れて作り置きのできる、いわば庶民の食を追求する人たちである。この姿勢が、若い世代の支持を得ていることは書き留めておいてよい。

洛外——京野菜の風土

洛外と野菜

先ほど「洛中」の語を使った。京には洛中、洛外という言葉がある。「洛」の字は中国の古都「洛陽《らくよう》」から来るものであろうが、本場洛陽でも「洛」の市街地を洛中、そしてその外側を洛外と呼んだ。京の洛中、洛外もほぼ同じである。

京の洛中の範囲は時代により大きく違ってきた。理由のひとつは洛陽などとは違い、城郭や城壁など、都市域と外を区別する明確な構造物がなかったところにある。ここでは、その時代の市街地を洛中、その周辺地域を洛外ということにしたい。

洛中には都市の食文化が発達した。古来、人類の食の営みには、生産した人＝食べる人という図式があった。都市ができてからはこの図式に変化が生じた。都市とは、食料生産には従事しないが、他の生業で暮らしを立てる人の集まったところだからである。

都市の生業には、衣食住にかかわる資材の生産、建築、土木、食品加工、エネルギー、繊維などの製造業のほか、通信、運輸、教育、行政などのサービス業、祭祀や宗教行事にかかわることなど多様な生業が存在する。これらの生業につく人びとは、自らが米や野菜を作ったり、あるいは家畜を飼ったりはしない。魚を獲る、野生の植物を採るなどの作業も、余暇としておこなうものは別として、ほとんどが他人任せである。むろん都市にあっても、とくに小都市では、住民たちも食料生産にまったく携わらなかったわけではない。なかには半農半漁の人びともいたことだろう。だが、都市が大きくなり人口密度がさらに高まると、市内での食料生産はしだいに困難になる。というよりも経済的に間に合わなくなる。

都市に食料を提供する役割を担ったのが、周囲にある農村であった。都市が出現したことで、その都市の人びとの食を提供する産業が登場した。これが農業である。それまでの農耕の営みは自分の食を自ら生産する営みであったが、自分で自分の食を生産できない人の出現が、農業という新しい産業を生んだのである。意外なようだが、農業という営みを発達させたのは都市だったのである。

さて京都である。一八八九年（明治二十二年）発行の地図をみてみよう。京都市街はいまのそれに比べてだいぶ狭い。いまのJR京都駅周辺から南、鴨川の東、西大路通《にしおおじどおり》の西は多くが農地で市街地などほとんどない。ここが、「洛中洛外図」にいう洛外だ

（左ページ）明治時代の京都と京野菜の分布（高嶋、2004などによる）

①鷹峯トウガラシ
②柊木野ササゲ
③スグキ菜
④うきなカブ
⑤田中トウガラシ
⑥賀茂ナス
⑦鹿ケ谷カボチャ
⑧聖護院ダイコン
⑨聖護院カブ
⑩聖護院キュウリ
⑪エビイモ
⑫山科ナス
⑬九条ネギ
⑭水菜
⑮桃山ダイコン
⑯京ウド
⑰京水セリ
⑱壬生菜
⑲郡ダイコン
⑳西院ナス
㉑中堂寺ダイコン
㉒鶯菜
㉓青味ダイコン
㉔辛味ダイコン

（明治22年、2万分の1地図「鞍馬山」「大原村」「京都」「大津」「伏見」「醍醐村」）

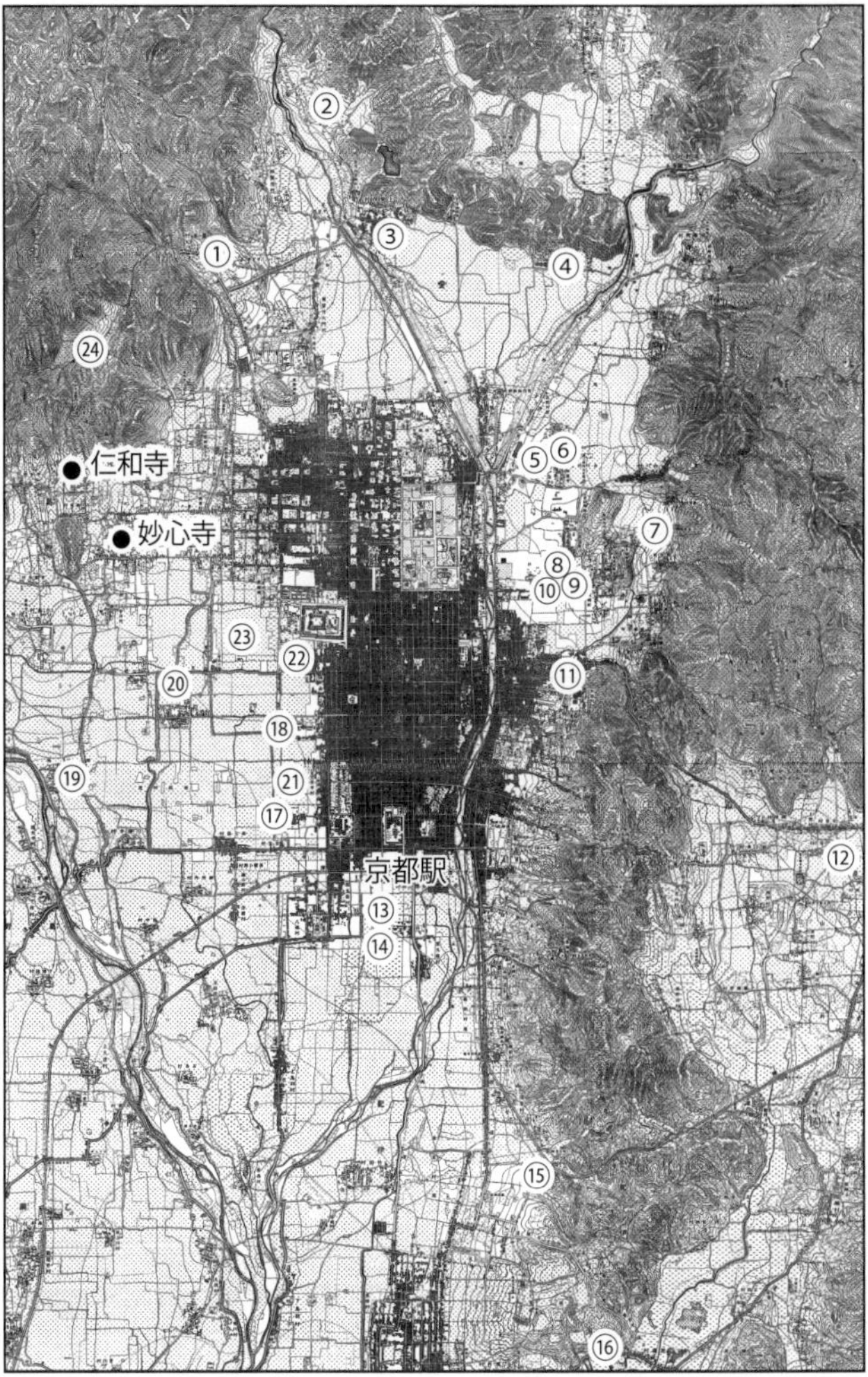
②
③
①
④
㉔
⑤
⑥
仁和寺
妙心寺
⑦
⑧
⑩
⑨
㉓
㉒
⑪
⑳
⑱
⑲
㉑
⑰
⑫
京都駅
⑬
⑭
⑮
⑯

ったのである。そして洛外の農地が、京の野菜の生産基地であった。

京都駅の南口である八条口《はちじょうぐち》が面する八条通の一本南の大通りが九条通であるが、この地名をとった農産物に「九条ネギ」がある（口絵。二一五ページ）。鴨川の東、いま京都大学があるあたりが昔の大字《おおあざ》「吉田《よしだ》」。吉田神社という、節分で有名な神社もこの吉田にある。その名も「吉田山《よしだやま》」（標高一〇五メートル）の西の山麓にある神社である。吉田山の南麓の大字が聖護院。聖護院カブ、聖護院ダイコン（口絵）の産地であった。

京にはほかにも、壬生菜（口絵）、賀茂ナス、山科《やましな》ナス、桃山《ももやま》ダイコンなどがある。京に限らずどの街でも、在来野菜の名はその地名を冠している。東京の練馬《ねりま》ダイコン、小松菜《こまつな》、大阪の天王寺《てんのうじ》カブラ、吹田慈姑《すいたくわい》などである。

洛中の拡大につれて、これらの野菜のあるものは生産地が府外を含む遠隔地に移った。またあるものは産地の都市化により、あるいは栽培が途絶えて消えてしまった。郡《こおり》ダイコンや東寺《とうじ》カブがそれである。

市の西のほうは最も開発が遅れた地域である。大きな理由は西のほう、つまり右京が洪水の多発地帯だったことにある（二一ページ）。世界遺産に登録されている仁和寺《にんなじ》も妙心寺も、いまでこそ洛中に続く市街地に接しているが、一九七〇年（昭和四十五年）ころまでは田畑に囲まれた郊外の寺であった。

京都府の郷土料理

黒豆煮　たけのこ木の芽和え　古老柿なます　壬生菜のからし和え
山椒の葉の佃煮　賀茂ナスの田楽　ふろふき大根　きごしょう
万願寺トウガラシとじゃこの炊いたん　ずいきの炊いたん
えびいもと棒だらの炊いたん　たけのことふき・生節の炊いたん
はもの焼き物　鯛蕪／聖護院カブと鯛の煮物　へしこ　にしん茄子
肉豆腐　千枚漬け　しば漬け　すぐき漬け　松茸ごはん　栗ごはん
おはぎ　納豆餅　きび餅、あわ餅、とち餅　ばらずし　さばずし
白味噌の雑煮　宇治金時　水無月

山の京都の日常の料理

農水省が二〇一九年（令和元年）から各都道府県別に三〇品目の郷土料理を集め、それを「うちの郷土料理」としてまとめている。京都府の郷土料理も三〇点ほどが取り上げられている。わたしもこの選定作業に加わったが、府下にはさまざまな郷土料理があるのをあらためて知った。そのうちのいくつかを挙げてみよう（上の表）。

都のなかでも、庶民の地域食ともいうべき食がある。行事食など「ハレ」の食のほか、さまざまな日常の食、つまり「ケ」の食があった。すでに触れた「おばんざい」はその代表である。「うちの郷土料理」にも、「きごしょう」「納豆餅」などの名がみえる。きごしょうは「伏見トウガラシ」の若葉を佃煮にしたもので、府下の各地に似た料理がある。納豆餅は、納豆を混ぜ込んだ餅で兵糧として発達したものと考えられる。

なお納豆は右京区京北《けいほく》地区が起源といわれるが、保存性が高い高タンパクの食品である。餅もまた保存性が高く、これらを組み合わせた納豆餅はおそらくは最高の兵糧であっただろうと思われ

る。「納豆餅」は糖質とタンパク質のバランスもよく、農作業や旅の際にも重宝したことだろう。

コナラのドングリ

野菜と山菜

さて、野菜という言葉に対する語として山菜という語が用いられる。これもまた生物学的には明確な定義を持たない語であるが、感覚的にはわかりやすい。換言すれば、山野の野生植物のうちの食べられるもの、という位置づけだろうか。辞書などをみても、品種改良を受けず、昔から山野にあった植物で食べられるもの、といった説明が多い。誰もが思いつく山菜といえば、フキ、その花であるフキノトウ、ゼンマイ、ワラビ、タラ、ツクシなどだろう。野草のなかには毒を持つものもあるから、何が食べられて何が食べられないかは社会が共有する知となって次世代に伝えられる。野草の多くが、「灰汁《あく》」と呼ばれる毒を持つ。この毒を除くか解毒するかすれば、植物体そのものは食べられる。いな、残された少量の毒の成分は薬として健康維持の役に立ってきた。その一部は薬草として特化し、長い時間をかけて栽培化されてきた。

なお、あく抜きの技法は、縄文時代には確立しており、サトイモ科に属するテンナンショウなどのあく抜きがおこなわれてきた。また、ドングリと総称されるコナラ属（*Quercus*）の堅《けん》果《か》も親しまれ、東日本の縄文社会を支えていた。あく抜きは、この時代の社会が糖質源を得るために欠かせない技術であった。

山菜が食生活のなかに広く取り入れられるようになった背景には、おそらく、修験道などの原始的な宗教の存在がある。修験者たちは山中を歩き回るうち、食べられる野草とそうでない野草とを経験として習得し、代々語り継いできた。どの山のどの沢には何々が生えている、といった知も、社会のなかでは共有されていたことだろう。むろんなかには、自分だけがその存在を知っている秘密の場所もあったのかもしれない。

けれども修験者たちは、それらの植物を栽培化しようとはしなかった。それらを手元において「支配」しようとは考えなかったのである。ただ、採りつくさないよう、いまでいう資源管理はしっかりおこなわれていたようである。そしてその修験者たちが里に下りて里修験を始めたことが、里の人びとが山菜に触れるきっかけとなった。

京は盆地にあり周囲を山に囲まれる。豊富な山菜が京都人の食を支えてきた。ここが東京や大阪の食文化と大きく異なるところである。山菜を積極的に料理に取り入れようとする料理屋さんもある。京都市北部の山中、花脊《はなせ》という集落近くにある「美山荘《みやまそう》」の売りは「摘み草料理」。動物性の食材としては川魚やジビエ、植物性の食材としては野草なども多用して組み立てた一種の懐石料理なのだそうだ。左京区の銀閣寺《ぎんかくじ》の近くにある「草喰《そうじき》なかひがし」。ご主人の料理の心得は、「毎日沢野を駆け巡り、畑に寄り、命ある作物を戴《いただ》き持ち帰」った素材を料理することだと書いている。なお、二つの店の経営者は姻戚《いんせき》関係にある。また、そこで修業した料理人たちがその思想を受け継いだ料理を全国に広めている。

京都人の買い物――洛中と洛外をつなぐ

流通と振り売り

野菜はじめ食料は、どのようにして都市に運ばれたのだろうか。江戸や大坂など、大きな川沿いにあって海に面した都市では、川が食材など物資の運搬に使われた。じつは京もまた水運の都だった。京都は海からは五〇キロメートル近くも離れているが、意外にも、とくに近世以降は水運の果たした役割が大きい。

その装置のひとつが市の東側を南北に流れる鴨川である。ただし鴨川は結構な暴れ川だったようで、大昔からいまのような堤防があったわけではない。一六一四年（慶長《けいちょう》十九年）に角倉了以、素庵父子によって開かれた高瀬川が伏見と京を結ぶ物流の大動脈になった。当時の流路はいまなお生きていて、川幅は市街地付近では約五・四メートル。高瀬舟と呼ばれる底の平らな舟が行き違いできる、やっとの幅しかない。そこで、荷揚げ、荷下ろしのための船入《ふないり》と呼ば

高瀬川一之船入（著者撮影）

れる船着場が九ヵ所設けられていた。船入のうち一番上《かみ》（＝北のこと）にあったのが「一之船入」で、いまの「木屋町二条下ル」に位置する。日本銀行京都支店の東隣にあたる。そして一番下《しも》の船入があったのが四条通のすぐ北あたり。この間およそ一一〇メートルおきに船入が設けられていた。

京の歴史的水運事業の最後のものは、琵琶湖の水を京都市内にひく琵琶湖疏水《びわこそすい》である。第一、第二の二つの流路からなり、第一疏水の完成は一八九〇年（明治二十三年）である。京都市の上水の一部が琵琶湖疏水の水であることはよく知られているが、疏水は、それ以外にも水運や工業用にも使われてきた。そして、疏水の水運機能は、鉄道の開設まで生き続けた。京都人の食料の一部がこれら水運によりまかなわれてきたことはもちろんである。米や、大坂からの魚なども、淀川を経由して伏見へ、そして伏見から高瀬川を通って市内へと運び込まれた。

鹿ヶ谷カボチャを運ぶ女性　振り売りと思われる（大正時代）

（写真・京都府立京都学・歴彩館 京の記憶アーカイブ）

野菜など日々の食料品の多くは郊外の農村から市中へ運ばれていた。そしてそのひとつが「振り売り」という形態であった。振り売りは行商の一種である。野菜などの食料品を、生産者自ら、あるいはその依頼を受けた人たちが市中に売りに行くというものである。朝出発してその日のうちに売り切って生産地に戻るわけだから、移動距離にはおのずと制約がある。月をまたいで行商する薬売りのような形態とはこの点で大きく違っていた。また、祭事や縁日などで出店するテキヤなどとも性格を異にしていた。

振り売りは江戸でもみられたが、江戸の場合は、市場から消費地へという形態の業者が多かった。いっぽう、京の場合は生産者から消費者に直接届けられる形態の業者が多かった。女性が多いのも特徴のひとつで、とくに大原発の売り手の女性たちは「大原女」と呼ばれ最近まで活動していた（五七ページ）。また、大原のほか、市内北部の賀茂《かも》や西北部の鷹峯《たかがみね》などの土地から振り売りに出る女性たちもいた。

振り売りはいまもまだあちこちに残っている（口絵）。大八車やリヤカー、またはそれらを曳《ひ》く人びとはさすがに「絶滅危惧《きぐ》」だが、代わって軽自動車を用いた振り売りはまだ残っている。京都以外の土地でも軽トラの荷台を改良し、野菜など生鮮食料品を棚において各地を回る事業者は、とくに地方の過疎地などでは、地域の高齢者の食を支えるまでになっている。

振り売りは京になぜ残ったか。大きな理由が、街の規模にあるのではないかと思われる。東京は一五〇年前にはすでに一〇〇万の人口を擁し、街の規模も京都よりずっと大きかった。京都は、市街地の規模もせいぜい数キロメートル四方で、また京都盆地のサイズもせいぜい南北一五キロメートル、東西一二キロメートルほどである。これくらいの規模の盆地なので、あらゆるところが日帰り可能な範囲にある。市内の物流の形は、当然のことながら、街の規模を最大の要因として決められてゆくのである。

錦市場

さて、現代の京都人たちはどこで買い物をするのだろうか。市内には、全国にチェーン店を展開する大型スーパーマーケットが各所にあって大勢の人が集まっている。ローカルなスーパーマーケットの支店もあちこちにあり、市民の身近な台所になっている。こうした事情は、他の県庁所在地、あるいは政令市と変わらない。

京都人が買い物するもうひとつのところが「市場」である。市場には、ひとつの建物のなかに多くの店が入居したもの、一本の道路の両側に店が並ぶものなどさまざまな形態がある。いくつもの店が恒常的に営業しているものや、月のうち、あるいは週のうちの決まった日や曜日にだけ営業するものもある。「市が立つ」という言葉の由来にもなった形態である。この形態の市は、最近は「マルシェ」などの形で息を吹き返してきている。

京都の市場のなかでも有名なのが錦市場である。錦小路という通りの両側に一三〇軒もの商店が並ぶ市場で、いまでは観光地のひとつにもなっている。錦小路は市内を東西に走る道で、同じく東西に走る四条通の一本北の通りである。錦小路は、東に行けば南北に走る新京極通《しんきょうごくどおり》で行きどまる。また西の終点は壬生川通《みぶがわどおり》である。錦市場と呼ばれている商店街は、この小路の、寺町通から高倉通《たかくらどおり》までのアーケードが設けられた四〇〇メートルほどの区間に展開している。

錦市場は京都人の台所である。四〇〇メートルの範囲には、魚、野菜、漬物、酒類、鶏肉、鶏卵、乾物、麩、湯葉や豆腐などさまざまな食品を扱う専門店がぎっしりと並んでいる。年末一二月も二九日ころになると、通りは買い物客でごった返す。漬物屋さんの前などはとくに混雑がひどく、おしくらまんじゅうのような状況にさえなっていた。京都人は、錦での買い物が済まないと年は越せなかった。わたしもまた、まだ静岡に住んでいた二〇年以上前からここの常連で、とくに年末にはわざわざ正月用品の買い出しに来ていた。いまでも月に二回は市場を訪れ、日々の食料品を手に入れている。

ところが、状況はこの数年ほどの間に大きく変わってきた。まず、商品に変化がみえはじめた。また、一部の店舗が閉店するようになり、そこに、それまでにはなかった薬局や土産物屋などの店舗が増えはじめた。これと相前後して外国人観光客が目立ちはじめた。そしてそれに合わせるかのように、食べ歩きする客やそのための商品を売る店が出はじめた。

これには多くの常連客から文句が出た。わたしも、一時錦市場に行かなくなった。観光客が手に持つ食べ歩きの食品で服を汚されそうになったこともあったし、それに彼らは店ばかりか、そこで買い物客にも遠慮会釈なしにカメラを向けるのだ。買い物客が第三者たる観光客の無遠慮なカメラに収まることを了としなければならない理由はどこにあるのだろう。これこそまさに観光公害なのだ。

長期的にみてさらに問題なのが、京都人たちが伝統の食を作らなくなってきていることである。いまのままの商売を長く続けてゆくことは早晩できなくなるだろうという、漠然たる不安感が錦市場の人たちの間にはある。市場は買い物客のニーズに支えられて成立する。ニーズが変われば、供給するものも変わってゆくのはある意味仕方のないことである。

けれど、いくら社会の嗜好《しこう》が急激に変わってきたとはいえ、求める食材も売り方も変えなければならないというのも納得のゆかない話ではある。市場の西の端近くに店を構える乾物店「山市《やまいち》」のご主人は、ニーズの変化を敏感に感じ取って商品を変えるやり方にはなじめないという。「うちは、昔ながらのお客さんに喜んでもらえたら、そんでええ（それでよい）。何も、その人らをがっかりさせてまで、新しい品ぞろえをしようとは思わん」といっている。

「先週の焼鱧《やきはも》、おいしかったなあ」といっても、「ああ、あれ、おいしかったやろ。そやけど今日はないわ。ごめん」といわれてしまうこともある。錦市場には、こういう経営方針の店がまだあるようだ。「また、今度」。そう、次に出会うまで、それを楽しみに待つというのも、豊かな食の重要な一要素だ。山市の「目刺《めざし》」には味がある。軽くあぶって、熱々のご飯のおともにしてよし、熱燗《あつかん》のあてにしてよし。噛んだときに感じる強いうまみと適度の塩分が、香ばしさとあいまって何ものにも代えがたい。これらをなんとかして将来にわたって残したい――そう思うのはわたし一人ではない。そしてそのためには、食べ続けることが何よりも肝要である。

枡形商店街

市内に残る商店街

京都には、現役の商店街がほかにもいくつかある。そのなかで、小さいながらも元気なのが左京区の出町《でまち》にある枡形《ますがた》商店街である。ここは錦市場より規模は小さいが、地元の人びとの胃袋を支える商店街である。商店街は鴨川の二つの支流である賀茂川と高野川が合流する地点のすぐ西側、河原町通沿いにある。ほぼ東西に走る一六〇メートルほどの狭い小路の両側に、小さなスーパーのほか、魚屋、八百屋、餅屋、肉屋などの店が並んでいる。時計屋、書店、古本屋などもある。

かつては商店街がいたるところにあり、日々必要なものは何でも手に入った。枡形商店街にもアーケードがあって全天候型の工夫がなされている。市場のすぐそばの河原町通沿いには、豆大福で有名な和菓子店「ふたば」もある。日によってはその豆大福を買い求める客の長い行列ができることもあり、商店街の集客に一役買っている。

伏見《ふしみ》区にある「伏見大手筋商店街」も、錦市場に劣らない規模を持つ商店街で、京阪《けいはん》電鉄伏《ふし》見桃山《みももやま》駅から西の大手筋通に沿って五〇〇メートルほどの長さがある。一二〇店ほどの店舗を持つ商店街で、やはりアーケードがある。道幅は錦市場よりも広く開放感があるが、食料品以外の店や外食店、居酒屋なども多く、街の台所というより消費基地の性格を帯びた商店街である。

三条通商店街は、その名のとおり三条通の、堀川通から千本通の間に展開する七五〇メートルほどの大きな商店街である。ここもアーケードが整備され、各種の店舗が軒を並べている。ただ、錦市場や枡形商店街と異なり、時間帯によっては車が通ることもある。また自転車がかなりの速度で走り抜け、危ない目にあうこともある。それでも店のバリエーションは大きく、日々の買い物ならば市場内の店でほぼ完結するという、市場としての一体感がある。

市内にはほかにも商店街の名を残すところがいくつかあって、個人商店が軒を連ねている。こうしたところは人の往来も盛んで昭和の名残りも色濃く、高齢者はじめ地元住民の生活を支えている。東京でいえば巣鴨《すがも》の地蔵通《じぞうどお》り商店街や品川《しながわ》の戸越銀座《とごしぎんざ》商店街、大阪ならば黒門市場《くろもんいちば》、さらには二〇二二年に火災に見舞われた北九州の旦過《たんが》市場のような雰囲気ともいえるだろうか。

パン食とコーヒーの街、京都

京都人はパン好きか？

よく、京都はパン食が盛んな土地といわれる。ネット上の記事などをみても、「パンの消費日本一」などと書かれたものを目にする。けれども実際のところどうなのだろうか。

京都にパンが入ってきたのは明治時代の後半期。しかし当初は、その評判は芳《かんば》しいものではなかった。一八九二年（明治二十五年）に近江屋榮三郎が寺町三条上るに「精養軒《せいようけん》製パン所」を開いたときには、パンは「大きなカステラ」「大きな麩」と揶揄《やゆ》され、一日に食パン一五本売れるのがやっとだったという。このころ、東京の店では一日三〇〇〇本を売り上げていたというから、普及度の違いは歴然としていた。だが一八九五年京都で開かれた「第四回内国勧業博覧会」で表彰を受けたのを契機に風向きが変わってゆく。発端のひとつは日露戦争にあった。戦後、七万ともいわれる捕虜が日本に連れてこられたが、その多くが現堺《さかい》市の収容所にいたといわれる。その捕虜たちが黒パンなどの製パンの技術を伝えたのが、関西におけるパン文化の端緒であった。そしてその影響はやがて京都にも及び、いくつもの製パン業者が市内に次々登場する。そのなかにはいまも市内にチェーン店を展開する「進々堂《しんしんどう》」（一九一三年創業）も含まれる（『パンの明治百年史』）。

けれども、巷《ちまた》に流布する「京都は日本一パンを食べる街」という言説はどうも真実ではない。京都市民が、日本で最もよくパンを食べていたのは二〇一二年（平成二十四年）ころ（二〇一一年～一三年平均）から二〇一六年ころまでで、二〇一七年ころ以降は三位～六位に甘んじている（左ページの図）。つまりここ数年、京都は「日本一パンを食べる街」ではなくなっている。「日本一パンを食べる街」の言説は、二〇一六年ころまでの話、ということになる。ちなみに

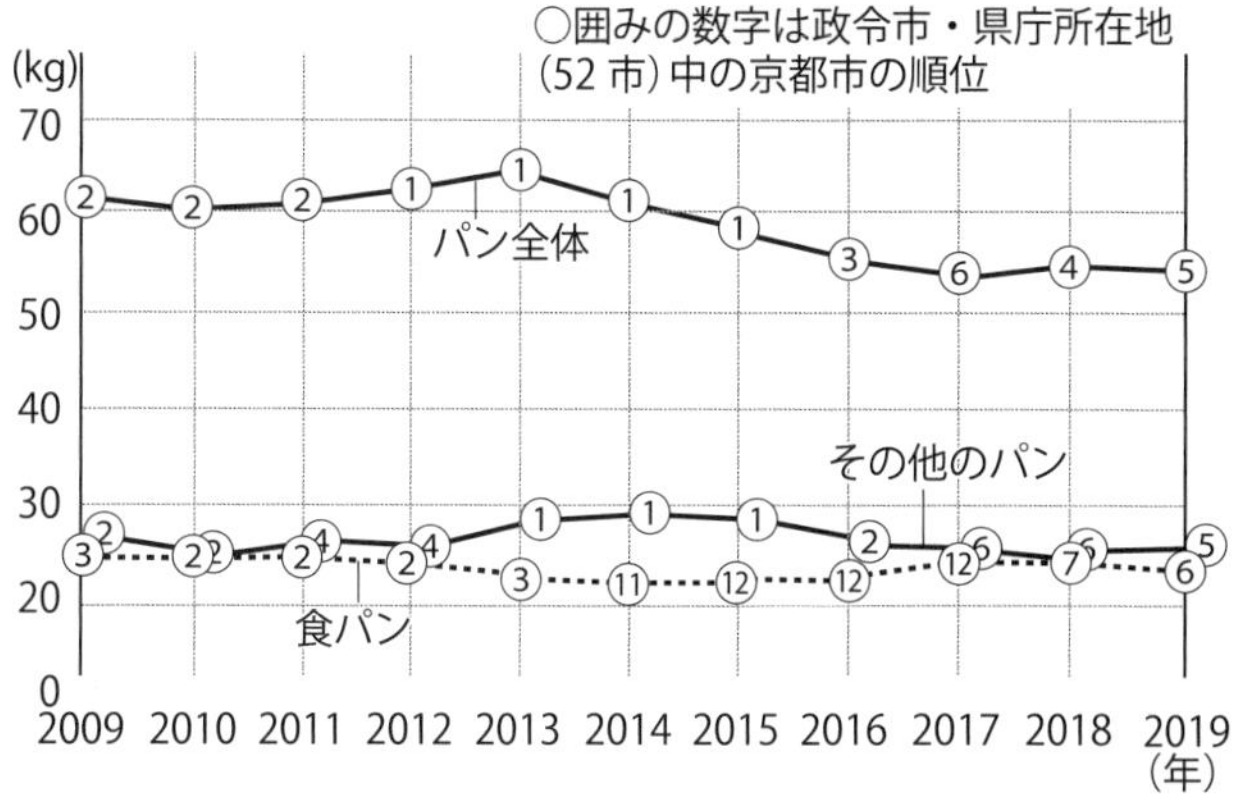

京都市のパン消費量の推移

パン消費量の上位を占める街をみてみると、京都市以外では、神戸市、大津市、堺市、大阪市などの名前が挙がる。ここ数年では岡山市の消費拡大も目覚ましい。つまり、パン食が盛んなのは京都市に限らず、近畿圏一円から西日本一帯ということになる。パン好きは、京都だけのものではない、ということだろう。

消費量をみても、ピークは二〇一三年ころの六二・六キログラムであったが、最近(二〇二〇年ころ)には五四・三キログラムにまで減っている。

総務省の資料では、食パンとその他のパンの値も公表されている。このうち食パンの消費量は、とくに二〇一五年ころ以降は順位も一〇位を下る年もあった。京都人はそれほど多く食パンを食べてきたわけではないといえる。たしかに、二〇一三年ころに始まった「食パンブーム」は京都にも及んでいる。とくに、全国展開する食パンを専門に製造する業者の支店が相次いで出店して、さながら食パン戦争の様相を呈しているが、それでも京都は食パンの消費量で一位になったことはない。

それには、おそらく、京都のサンドイッチの文化が影響している。先に挙げたおかずパン（八二ページ）にはサンドイッチが含まれ、その意味で京はサンドイッチの文化が古くから根づいた街でもある。そしてそのサンドイッチ用のパンは、ややさっぱりとした自己主張しない食パンを薄切りにしたものが使われてきた。最近の食パンブームの火つけ役となった食パン専門店のパンは、甘くしっとりした食感を持ち、耳まで柔らかなものが多い。こうした食パンは自己主張が強すぎてサンドイッチには合わないと、イノダコーヒの国本信夫・業務支援部次長は語る。京のパンを愛する愛好家たちは、食パンに求めるものが他の地域とはやや違っているのかもしれない。

京都のパンの特徴は「おかずぱん」、つまりサンドイッチや、ハム、ソーセージや卵を挟んだもの、チーズなどを生地に練り込んで焼いたパンなど、が多いことであろう。カスタードクリームなど甘いものを使ったものも多い。おかずパンの多いことには、京が職人の街であることが関係している、ともいわれる。昼食をとる時間も満足にない職人たちが、仕事をしながら片手で食べられるもの、という意味があるようだ。

さまざまな果物を、たっぷりの生クリームとともに挟んだフルーツサンドも流行である。京都で最初にこれを始めたのは市街地の南西部にある四条大宮《しじょうおおみや》駅近くの「ヤオイソ」。一九七三年（昭和四十八年）のことであった。もとは果物の老舗販売店である。四条大宮は東西に走る四条通と南から上がってきた大宮通の交差点である。また、観光地嵐山に通じる京福電鉄嵐山本線《あらしやまほんせん》のターミナル駅、四条大宮駅もおかれている。四条通の地下には、大阪（梅田《うめだ》）につながる阪急京都線《はんきゅう》の大宮駅があり、北摂《ほくせつ》や大阪とつながっている。あたりは、古刹壬生寺《みぶでら》や新選組《しんせんぐみ》の屯所跡がある。また一キロメートルほど南には花街「島原《しまばら》」もあった。東京でいえば浅草《あさくさ》に似た土地柄、であろうか。

京都人がパン好きな理由としてもう一つあげられるのが、京都人が「新物好き」だからだ、というのがある。京都というと歴史と伝統の街という印象が強いが、日本で一番早く小学校を作ったのも、一番早く水力発電を始めたのも、そして市電を引いたのも京都であった。だからパンにも飛びついた、というのだ。それも一理あると思われるが、しかしどんなにおいしいものも、目新しいものもやがて飽きが来る。一時はブームになったところで長続きはしない。長続きのためには「おいしすぎない」「目立たない」ことが重要なのだ、と一九四七年創業の「山一パン総本店」の山本隆英《やまもとたかひで》社長は言っている。京都人は新物好きであると同時に、反面きわめて保守的でもあるのだ。

コーヒーと喫茶文化

京都人はコーヒー好きである。京都市はコーヒーの消費量で日本一の街である。この数字は

進々堂京大北門前店（1975年）（写真・朝日新聞社）

家計調査のものなので、家庭での消費量を反映している。つまり、外で飲むコーヒーではなく家で飲むコーヒーの量である。だが、コーヒーは、外、つまり喫茶店などで多く飲まれる。家庭での消費と外での消費は連動しているのだろう。市内には多くの喫茶店がみられる。なかには創業一〇〇年近い老舗もあって京のコーヒー文化、喫茶文化を支えてきた。東山通《ひがしやまどおり》（東大《ひがしおお》路通《じどおり》）と今出川通の交差点、「百万遍《ひゃくまんべん》」を今出川通沿いに二〇〇メートルほど東に行ったところにある「進々堂《しんしんどう》」（口絵）。正式には「進々堂京大北門前店」という。創業九〇年というから、京大の歴史をみ続けてきたことになる。長椅子と大きなテーブルが特徴で、いかにも勉強用のしつらえである。この大机と長椅子は木工芸で人間国宝となった黒田辰秋《くろだたつあき》（一九〇四〜八二）の作という。わたしも、この店で卒業論文を書きあげ、試験の日の朝、ここで徹夜明けの朝食をとったことを思い出す。当時はコーヒー一杯で長い時間ねばっていても嫌な顔をされることはなかった。その代わり相席。その経営方針はいまも変わっていないようだ。

パン屋さんのチェーンの「進々堂」でも、一部の店では店内で食事もできるようになっている。二つの進々堂の創業者は同じだが、現在は異なる法人組織になっているようだ。

京の街に喫茶文化が定着した理由はいくつかありそうだ。ひとつは、京の街が古くから西欧の人びとを受け入れ、彼らの食文化に接する機会があったこと。そして二つ目に、第二次大戦による空襲の被害を大きく受けなかったことがある。戦争中、政策により休業を余儀なくされていた喫茶店だが、京都では戦後すぐ息を吹き返した。戦前の喫茶文化が戦後にも受け継がれた。このことの意味は大きい。

京都には、いくつか、京都市を中心に展開する喫茶店のネットワークがある。地道な調査を結実させた力作『京都　喫茶店クロニクル』（淡交社、二〇二一年）の著者田中慶一《たなかけいいち》さんによると、戦後京都のコーヒー文化の原点は「イノダコーヒ」で、創業者猪田七郎《いのだしちろう》さんが戦後すぐの一九四七年（昭和二十二年）に再開店し、自家焙煎《ばいせん》したという。「イノダコーヒ」はその後のチェーン店はじめいくつかの喫茶店の創業者を育てた点でも特筆される。前田《まえだ》珈琲《コーヒー》、高木《たかぎ》珈琲の創業者らはみなイノダで技術や接客などを身につけたようだ。焙煎した豆を販売する事業からスタートした店もある。その先鞭《せんべん》をつけたのが、玉屋《たまや》珈琲、小川《おがわ》珈琲（一九五七年）、前田珈琲（一九七一年）などである。

玉屋珈琲の二代目社長、玉本久雄《たまもとひさお》さんや統括部長の吉川博之《よしかわひろゆき》さんらによれば、京の街で喫茶店文化が発達した背景には、室町通《むろまちどおり》に展開していた商家の旦那《だんな》衆や、当時京都で隆盛を誇った映画の関係者の存在があったという。右京区の太秦《うずまさ》には東映《とうえい》や松竹《しょうちく》の撮影所があり、往時には大勢の関係者が京都に住まい、また滞在していた。その彼らが街の喫茶店と喫茶文化を支えていたというわけだ。

また、次項でも書く学生の存在が喫茶店を支える大きな力になっていた。とくに一九六〇年代以降は、課外活動や学生運動の拠点になっていった。当時はまだ、ケータイやスマホという伝達手段がなかった時代で、活動の拠点、連絡場所として喫茶店が選ばれた。

音楽喫茶もまた大流行で、「レコード」を聞きながら一杯のコーヒーで何時間も居座るスタイルは、スマホにイヤフォンを突っ込んで音楽を聴くのがあたりまえになった現代からすれば隔世の感がある。

喫茶店はまた、たばことも切っても切れない関係にあったといってよい。いまでこそたばこの健康被害が問題視され喫煙人口が減少してたばこを吸える場所は減ったが、バブル崩壊前までは喫茶店は堂々とたばこを吸える場のひとつでもあった。どの喫茶店にもデザインに趣向を凝らした無料のマッチの小箱があり、その表面や側面に電話番号が書かれ店の宣伝にもなっていた。喫茶店文化のひとつの顔と呼んでもいいだろう。

最近は喫茶店というと、繁華街やオフィス街でセルフサービス型のチェーン店ばかりが目につく。店の名前は多くがカタカナ。器はプラスチックや紙のもの。ゆっくり座って会話を楽しむという風情はほぼない。むろん多くが禁煙。喫茶店はビジネスの場、打ち合わせの場へと姿を変えつつある。京都でもそうした店がたしかに増えてきたように感じられる。社会の流れなのだから仕方ないといってしまえばそれまでだが、食文化という観点からは、――喫煙は別として——どこか物足りなさを感じる。

学生の街、京都

前項にも書いたように、京都は学生の街である。市内の大学の歴史をみると、同志社《どうししゃ》大学の前身の同志社が創立されたのが一八七五年（明治八年）、京都大学の前身第三高等中学校が大阪から京都に移されたのが一八八九年、立命館《りつめいかん》大学の前身「私立京都法政学校」が創立されたのが一九〇〇年などとなっている。ほか、龍谷《りゅうこく》大学が、そのもととなる学寮を西本願寺《にしほんがんじ》境内においたのが一六三九年（寛永《かんえい》十六年）であるなど、その前身まで含めると一〇〇年以上の歴史を持つ大学が市内にたくさんある。大学の総数は三八に上る。

京都市内に住む学生数は一四万人あまり。京都市の人口が一四〇万ほどだから、市の人口の一割が学生という勘定だ。つまり京都は学生の街なのだ。食べるのも彼らなら、店でアルバイトするのもまた彼らなのだ。わたしがいま在職している京都府立大学の学生たちにも市内の飲食店でアルバイトをしている彼、彼女らが大勢いる。街を歩いていて、その彼らに目撃されることもしばしばある。夏目漱石《なつめそうせき》の『坊っちゃん』の気分そのものである。

「誰も知るまいと思って、翌日学校に行って、一時間目の教場へ這入《はい》ると団子二皿七銭と書いてある。実際おれは二皿食って七銭払った」

坊っちゃん当時の松山のような小さな街ならともかく、一〇〇万都市である。それにもかかわらずかなりの頻度で学生に目撃されるのだから、学生の多さが知れようというものだ。

学生たちのなかには、祇園《ぎおん》近くのちょっとした料亭で仲居をつとめる女子学生もいる。仲居さんというと何となく「その道のプロ」のような印象を持つが、彼女たちにはそのようなイメージはまったくない。むしろ、若いうちに接客に慣れておくのは将来のキャリアアップにつながると肯定的に考える彼女たちが多い。京都の食の傾向を決めるのは、ある意味で学生たちなのだ。

京都の街の食が学生に依存しているとする理由はもうひとつある。『酒場の京都学』（加藤政洋《かとうまさひろ》、ミネルヴァ書房、二〇二〇年）によれば、東京の下宿が賄いつき（食事つき）が多かったのに対し、京都では寺院や家庭の空き間を使ったものが多く、学生たちは外で食事する機会が多かったため、必然的に学生向けの、ミルクホールのような飲食店ができたのだという。賄いつきの下宿では学生は大家の家族の一員のようなものだ。いっぽう京都では外食のスタイルになる。ミルクホールとは聞きなれない語だが、田中慶一さんはその一例を同志社大学正門前にあった「わびすけ」に求めている。おしくも二〇一一年（平成二十三年）に閉店してしまったが、ジャガイモとタマネギを炒めて卵とじにした「イモネギ」と呼ばれる名品で有名な店だった。

京都には、こうした、学生を相手にする飲食店が、伝統的にたくさんあった。

京都の街には、「尖《とが》った」ラーメン店が多いように感じる。とくに、郊外に近い左京区の白《しら》川通《かわどおり》や、大きな大学近くにはラーメン店の密度の高い場所がある。ところが京都府のラーメン屋の店数は意外に少なく、総務省の資料では二〇一八年（平成三十年）現在で四七二軒であった。人口一〇万人あたりの店舗数は一八・二軒、全国三八位という低さである。ただし京都市内に限ってみると、三七三店という（新横浜《しんよこはま》ラーメン博物館のウェブサイトによる。ただしいつの数字かはわからない）。人口比にすれば二六・八店。この数字は、横浜市の一七・九店、福岡市の一八・八店などよりも大きい。また、元プロ野球選手の川藤幸三《かわとうこうぞう》さんが開いた店、などの話題性にもことかかない（川藤屋はすでに閉店）。

「新横浜ラーメン博物館」のウェブサイトによると、京都のラーメンはこってりとした濃厚な味が特徴という。わたしも学生時代、深夜になると研究室の先生や学生たちとともに夜食に出かけたものだった。今出川通か白川通沿いのラーメン店や、ラーメンやうどんの屋台に行くことが多かった。うどんは薄めのだしにこしの弱い京うどんだったが、ラーメンは白濁したこってり系のスープのものが人気だった。またうどんの屋台には「うどん定食」という、うどんに白飯とだし巻卵のような簡単な一品がつくメニューもあった。一汁一菜の汁をうどんに代えたような一品である。ラーメンにも、「ラーメンライス」というメニューがあった。いまならば糖質過多といわれそうだが、運動量の激しい学生などには人気のメニューだった。

最近は、ラーメンに代わってカレー店が増えているという。カレー店の場合は、ラーメンとはちょっと事情が違っていて、チェーン店が店開きをしたというケースが多いように見受けられる。ラーメンは、食にかかわる書籍などで定評のある森枝卓士さんによると、ボトムアップ型の食文化であるという。つまり、庶民の自由な発想で生まれたさまざまな種類のラーメンがあり、その分整理も分類もしにくい。いっぽうカレーライスは、海軍が主導して導入したいわばトップダウン型の食文化だという。同じ傾向が、京都市内のラーメン店、カレーライス店にも現れているのだろう。

京都の中華

京都で中華というと違和感を持つ人も多い。中華というこってりとした、また香辛料の効いたイメージと京都の食のイメージがあわないというわけだ。だが、京都人は中華料理を外食としてよく食べている。総務省の資料によると年間支出額は五〇二五円で全国一四位である。つまり京都人は比較的よく中華料理屋に行っているのだ。

京都の中華は調べるほどにおもしろい。京都の中華を語ろうと思えばまずは姜尚美《かんさんみ》さんの『京都の中華』（幻冬舎、二〇一二年）をあたるのがよい。姜さんは京の食を足で調べ上げたフィールドワーカーで、そのていねいな調べは驚くに値しよう。

姜さんによれば、京の中華は「あっさり、だしの利いた京風」の料理である。ニンニクや、中華料理で多用される香辛料の八角《はっかく》や桂皮《けいひ》などはあまり使わない。それでいてだしの味は濃厚である。そして和食のだしが「昆布とカツオのあわせだし」であるのに対して、中華のだしは「昆布と鶏」であるという。つまりは京風中華というものが出来上がっているということである。

京の中華の成立には、濱村保三《はまむらやすぞう》という一人の日本人シェフが深くかかわっているといわれる。彼が「支那料理ハマムラ」を開いたのは一九二三年（大正十二年）。店は祇園のいわゆる「北側」。四条通の北をいうが、祇園町であることに違いはない。そこで中華料理屋をやっていくには徹底した「和食化」が必要だったという。

濱村保三に見いだされた中国人料理人が高華吉《こうかきち》さんだという。そして、この高さんがその後の京中華の道を拓《ひら》いていく。多くの店の「系譜」を描き出すことができるというわけだ。この点で、先のコーヒーやパンと軌を一にしている。ラーメンがとことんボトムアップで多発的なのとは、この点で違っている。

鶏をだしに使うのは、京の鶏文化の存在を示すかのようだ。一四ページにも書いたように京都市内には「鳥彌三」のような鶏料理店がたくさんある。市中には鶏肉専門店がいくつもあって、さまざまな部位の鶏肉が売られている。かの錦市場にも鶏肉の店がある。京の街で鶏肉の消費が多い理由のひとつは、鶏が二本足で（つまり「四つ足」ではない）肉食忌避の対象から外れていたことにあるように思われる。ウサギを一羽、二羽と勘定するのはイノシシの肉を「山鯨」とするのと同じで一種の隠語、つまり四つ足を食べることへの忌避感の現れであろう。そここには、鶏ならば堂々と食べられるという風潮があったことを想起させる。

ところで、中華というとどうしても豚肉のイメージがあるが、京都は豚肉に縁遠い街である。総務省の統計（二〇一八〜二〇年平均）によると、二人以上世帯の京都市民の年間豚肉消費量は約一九キログラム。全国五二の県庁所在地・政令指定都市のうち四七位であった。京都人は家庭では豚肉を食べないのだ。もともと豚肉の消費量には「東高西低」の傾向がはっきりしているが、それを裏付けた数値でもある。

さて、姜さんの本にも出てこなかった京の中華料理店を二店紹介しておこう。一軒目は河原町丸太町、御苑の南東隅近くにある「マダム紅蘭《こうらん》」（口絵）。上品であっさりとしつつも強いうまみを感じる。ニンニクや他の香辛料はあまり使われていないようだ。なお、京都人はトウガラシは結構好む（二一三ページ）。ニンニクなどを使わない理由は、ひとつには花街で敬遠されていたからということのほかに、人と接する機会の多い商売人の気遣いという面もあったともいわれる。やはり理由はその強い匂いにあるようだ。なお京のニンニクについて触れておきたいことがひとつある。京の北部にある上賀茂《かみがも》神社（賀茂《かも》別雷《わけいかずち》神社）の神饌《しんせん》のなかにニンニクが含まれる。神饌にはさまざまな食材が含まれるが、匂いの強いネギ、ニラ、ニンニクなどは避けられてきた。上賀茂神社でいつからニンニクが供えられるようになったかはわからないようだが、とにかく不思議なことではある。

マダム紅蘭の看板メニューのひとつが「東坡《とうは》バーガー」。なかでも「さくらの東坡バーガー」は季節限定メニューだという。「東坡バーガー」をサクラの葉で巻いたマントウ（饅頭）である。東坡とは、甘辛く煮詰めた豚の角煮のこと。東坡バーガーはこれをマントウで挟んだ、いってみれば中華風バーガーである。マントウはサクラの香りがした。色はごく薄いピンク色。サクラの花の塩漬けが刻みこまれているのかもしれない。マントウは日本の饅頭《まんじゅう》と同じくコムギ粉の蒸しパンであるが、日本のそれとは違ってなかに何も入れないものが多い。むろん「豚まん」のような肉入りのものや、刻んだタカナの油炒めを入れたものなどのバリエーションがあり、北京《ペキン》を中心とする華北《かほく》から黄河《こうが》上流の地域では、朝ごはんの定番になっている。

東坡の名にはなじみのない人も多いと思われるが、豚の三枚肉を甘辛煮にした中国料理。豚肉料理は、中国では長江《ちょうこう》以南のもの。北宋《ほくそう》の詩人蘇軾《そしょく》（号東坡）が考案したとの説もある。なお、中国語の発音は「トンポー」。食感は沖縄のラフテーにも似る。そう、沖縄料理（琉球《りゅうきゅう》料理）は豚肉を食べる文化である。

もうひとつの京都の中華は、これら京風とは対極を行く店である。五四ページに紹介した「大鵬」がそれで、こちらはガツンとくる辛さや濃い味つけで、京都にあっては尖った中華料理店のひとつである。とはいえ、アユのなれずしを使った料理など、うまみを追求する姿勢は他の京風中華料理店にはない姿勢を感じる。

京の比較食文化論

あこがれと羨望

東京と京都。街の規模はまったく違うけれど、二つの街はしばしば比較の対象となる。いっぽうそこが、大阪人には我慢がならないところである。東京と対比されるのが、なぜ大阪ではなくて京都なのだ、と。それはともかくとして、東京の比較の対象は、ある意味でたしかに京都である。

もう四半世紀も前、東海道新幹線の車中に張り出された一枚のポスターが話題を呼んだ。

「そうだ 京都、行こう。」

ポスターは、おそらく、東京の人を対象に作られたものだったと思う。東京は日本を代表する都市であり、そこには国権の長がおり、日本国民の象徴たる天皇がおられる。人口からいっても他のいろいろな経済指標からいっても、東京は他の都市の追随を許さない日本に冠たる大都会、いや世界に冠たる大都会である。その東京に住まいする人が、京都には一目おいている。とくに食に関してはそうらしい。前の京都府知事の山田啓二《やまだけいじ》さんも、こういうのである。

「京都には和食のミシュランの星三つの店が七店もある。東京は、すべてのジャンルを合わせれば世界第一の町だけど、和食については京都にはかなわない。この狭い町にミシュランの星三つが七店もあるなんて、これはもう奇跡ですよ。そう思いませんか」

ちなみに、山田さんは東京人である。

あるときわたしは、東京都庁の官僚の次の一言を耳にして新鮮な驚きを覚えた。彼はこういったのだった。

「和食といえば、そりゃやっぱり東京ですから」

断っておくが、彼はわたしが京都の大学に所属し京都から来ていることを知っている。そして、京都には著名な料亭があることも、京都人たちが正月には白味噌仕立ての雑煮を食べることも知っている。そして、彼は「和食といえば東京」といいつつも、秋には京都に行き、紅葉を楽しんだあとは東山か嵐山で「湯豆腐」を食べてから帰るのをとても楽しみにしている、というのである。湯豆腐くらい東京でだって食べられるだろうにと思うのだが、紅葉のあとの夕食は湯豆腐だ、と彼はいう。それにもかかわらず「和食といえば東京」だと、彼はいうのだ。

彼が日本人として特別なわけでは決してない。そのことは文化庁が二〇一八年（平成三十年）に公表した、和食文化に関する意識調査の結果にも現れている。設問は、「あなたが最も親しみを感じる和食のメニューは何か」というものである。五〇〇〇人を対象としたその調査の結果、一〇代から六〇代までのどの世代でも、「寿司、天ぷら、うなぎ」がトップに来る。そしてこれら三種のメニューはどれも江戸が起源のメニューである。彼が「和食は東京」といったのはこのことだと思われる。

別の友人はこうも証言する。東京の人のなかには、じつは京都を煙たく感じる人も少なからずいるというのだ。煙たいというのではないが、京都の店を訪ねるのは何となく敷居が高く感じる人もいるらしい。大阪にはそういう感情は持たないが、京都は特別、ということらしい。要するに、東京人の京都観は単なるあこがれではなく、少し複雑な感情の混ざった「羨望《せんぼう》」ともいうべきものなのだ。大阪人の京都に対する思いにも通じるところがあるようだ。

ただし、一番多いのは、じつのところ、京都をひとつの地方都市としかみていない人びとなのではなかろうか。たとえばリニア新幹線の名古屋〜大阪間のルートである。現行のプランでは、リニアは「奈良市付近」を通過する予定で、そうなると京都はリニアからは置いてきぼりにされる。京都市長はJRとの交渉を続けるといっているが、交渉は困難を極めるだろうともいわれている。つまり、東京と関西圏を結ぶ一大国家プロジェクト計画のなかでは、京都の発言力は決して強くはないということである。

いっぽう京都人たちも、東京のことを複雑なまなざしでみている。いや、この場合も、東京というより関東人、といったほうがよいのかもしれない。市営地下鉄のなかで、関東方面から来たらしいご婦人たちが旅の感想を述べあっている。気分が高揚しているらしくかなりの声量なので、会話の内容が十分に聞き取れる。

「あの○△ってお寺さあ、写真でみるよりずっと小さかったじゃない？　あれなら上野《うえの》の寛永《かんえい》寺《じ》のほうがずっと大きいわよねえ」

「○（店の名前）のパスタランチ、おいしかったじゃない？　京都って、イタリアンも結構いけるじゃん！」

「そうそう、わたし、京都っていえばみんなおばんざいかと思ってたわよ」

車中の京都人たちは、むろん何もいわない。まるで無関心を装っているが、心のなかではこうつぶやいている。

「この人ら、何いうてんねやろ。寛永寺のほうが広い、て？　あきれたもんや。ここらの寺は、どれかて（どれだって）、明治維新のときに土地をごっそり取り上げられてせもなってしもたんや（狭くなってしまったのだ）。それにな、かるう一〇〇〇年以上の歴史もってる寺もあるんや。ついでにいうとな、京都はパンの消費量日本一や。よう覚えときよし！」

京都人の東京に対する複雑な感情は、テレビの天気予報をみたときにも表れる。朝のニュース番組の天気予報では、「東京では晴れ」とはいわない。「台場《だいば》」ではとか、あるいか「赤坂《あかさか》」「六本木《ろっぽんぎ》」「渋谷《しぶや》」などでは、という言い方になることが多い。せいぜい「東京・渋谷」では、という言い方になる。東京で二センチ雪が積もれば全国ニュースのトップに来るが、京都で一五センチの積雪があってもせいぜい関西の地方局のニュースで取り上げるくらいなのに。ニュースは全国放送である。京都人のみならず他地域の人にとって、台場だろうが六本木だろうが要するにそこは東京の一部であるにすぎない。東京の人にとってみれば「左京」であろうが「右京」であろうが同じ京都の一部に過ぎないのと大差はない。にもかかわらず、東京の局の人たちはそうは思わないのである。

縄文文化と京都

一九九〇年代のなかごろ、日本の考古学史上大きなできごとがおきた。青森県の三内丸山《さんないまるやま》遺跡の再発見である。県が、青森市の南西の丘陵地帯に野球場の建設を始めたところ、地下から巨大な縄文遺跡が見つかった。ここに、相当に古い時代の遺跡があるらしいことは江戸時代からわかっていた。菅江真澄《すがえますみ》の記録（「すみかの山」一七九六年）に、この遺跡のことはすでに出ている。「再発見」と書いたのはそのためである。

菅江真澄の記録はともかくとして、三内丸山遺跡の発掘によって日本列島は沸いた。「縄文文明」という梅棹忠夫《うめさおただお》さん（国立民族学博物館の初代館長）や梅原猛《うめはらたけし》さん（国際日本文化研究センターの初代所長）の語も登場した。それまで、縄文文化は弥生文化に比べて後れた文化だとされてきた。学校の歴史の授業でも、縄文時代は弥生時代の前にあった、より原始的な時代であるかに教えられてきた。理由のひとつは、弥生文化が、稲作文化という、日本社会の根幹を支えてきた米食や稲作を支えた文化であると考えられてきたところにある。

加えて、日本列島では、進んだ文化は大陸から九州など西日本に伝わり、東日本に伝わるのはその後のことだとずっと考えられてきた。つまり、関東や東北は、文化が最も遅く伝わった土地だというのが支配的な考え方であった。

縄文文明の発見は、この考え方を根底からゆさぶった。なにしろ、縄文文明は日本列島生まれの文明である。水田稲作をはじめとする農耕の文明は、日本列島にとっては外来の文明なのだ。日本では、高校までの歴史教育のなかで、「世界四大文明」を教えている。最近はこれに中国の長江流域の「長江文明」を加えて「五大文明」とするか、あるいは従来の黄河文明と長江文明を合わせて「中国文明」とするなどの見解もあるが、いずれにしても日本列島は古代文明の発祥地の外にある。加えて、日本人の文明コンプレックスを作った要因は「魏志倭人伝」にあるとわたしは思う。「倭人伝」は『三国志《さんごくし》』のなかの「東夷伝《とういでん》」にある。「東夷」とは東の辺境の意味である。つまり、倭国《わこく》は「三国」の周縁地域にすぎなかったのである。この記述が、知らず知らずのうちに日本人の心に「文明コンプレックス」を植えつけたのではないかと思う。

ところが、縄文文明の語は、日本列島に生まれた文明があったことを宣言するものとなった。しかも三内丸山は東北のなかでも最奥の地、陸奥《むつ》にある。それまで、文化の後れた地だの文化の果てだのといわれた東北の人びとに夢と自信をもたらした。縄文文化の影響がより色濃く残る東日本の人びとが感動をもってこの語を受け入れたのは、こうした事情による。

いっぽう京都では、三内丸山遺跡や縄文文明の話は、それほど熱を持って語られることはなかった。京都に縄文遺跡がないわけではない。だが、市民の関心は押しなべて低い。市役所の発掘担当者もこう証言する。

「京都市内で縄文遺跡が見つかったといっても関心は集まらず、現場説明会をしても、見に来る人は少ない。これが、内裏跡とか御土居（＝秀吉が作った、京都市街を囲んだ外壁）が見つかったと発表すると、どっと人が来ます」

京都人を含めて関西人にとって縄文文化といえば異文化だった。「後れている」とはいわないまでも、異質である、あるいはなじまない、くらいに感じている人は確実に多い。そして何より、京都こそが文化の中心だというプライドを京都人たちはひそかに持っている。その京都をさておいてほかにすぐれた文化の中心がある、あったということに、京都人は違和感を覚えるのである。なにしろ、日本人を含めて世界の誰もが、「京都文化」とはいっても「京都文明」とはいわなかったのだから。

京都と大阪の比較文化学

いままでの話は江戸など「東国」や九州、四国からみた京についてだったが、同じ上方にあっても文化は決して一様ではない。東京からみれば同じ「関西」にある京都と大阪との間にも大きな違いが存在する。

日本地図をみると京都と大阪は隣同士である。電車に乗れば半時間足らず。実距離でも四〇キロメートルほどの距離しかない。東京〜戸塚《とつか》、東京〜大宮《おおみや》、東京〜八王子《はちおうじ》くらいの距離なのだ。だから、東京はじめ関西以外の土地に住む人びとは京都と大阪の区別がつかない。けれど、二つの土地の間には、他地域の人びとにはわからないほどの距離感がある。だいぶ前のことになるが、テレビ朝日の夜のニュース番組「ニュースステーション」で、毎週金曜には「金曜チェック」という娯楽のコーナーがあった。そのなかに、「あなたの○○度チェック」というのがあり、一五～二五問の質問が出てくる。あてはまる答えの多さでその人の「○○度」がわかるという趣向である。ある日、この○○が京都になって「京都度チェック」が試された。そしてそのチェック項目のひとつに、「大阪人とは同じ関西人と思われたくない」というのがあった。わたしは思わず笑ってしまった。大阪人にも京都人と一緒にされたくないという心情を持つ人が多い。

それなのに「関西人」とひとくくりにされることが、京都人や大阪人のプライドを傷つけている。「関西弁」とか「関西では」という言い方を決してよしとしない。自分の言葉を「関西弁」などといわれようものなら強い違和感を覚える。食については、大阪の料理人である上野《うえの》修三《しゅうぞう》さんによれば、「京の持ち味、浪速《なにわ》の喰《く》い味」というのだそうだ（朝日新聞デジタル、二〇二二年三月二九日）。京は薄味で素材の味をたっとぶが、大阪はだしと素材の相互作用を活《い》かす、ということだろうか。

けれど、二つの街には共通項がいっぱいある。食文化をみても鯖寿司《さばずし》、鱧料理、佃煮や昆布だしなど。むろん細部ではいろいろと違いもある。たとえば鯖寿司。京では鯖寿司というが、大阪では「ばってら」のほうがよく使われる。むろん鯖寿司にもばってらにもバリエーションがあって「京都では」、あるいは「大阪では」とまとめてしまえるほどに単純ではない。また、七ページにも書いたように、「鱧の落とし」につけるのは、京都では梅肉が多いが、大阪では辛子酢味噌が多い。

いっぽう、京にはないが大阪では圧倒的に支持を得ているものもある。「コナモン」という小麦の粉食文化がその代表である。たこ焼き、お好み焼きや、うどんなどの麺《めん》類を中心とする食文化で、やはりその中心はなんといっても大阪である。粉モンについては熊谷真菜《くまがいまな》会長率いる「日本コナモン協会」という組織が研究や普及などの活動を盛んにおこなっている。

粉モンのひとつの特徴は、それぞれが一品として成り立っていてファストフードであること。屋台あり店頭販売あり、販売形態も多様である。京都人が眉《まゆ》をひそめそうな立ち食い、食べ歩きOKなど、まさに庶民の味方である。

食べ歩きは粉モンの極意である。なんといっても、できたてが最高のごちそうである。できたてを「あつあつ」と表現する。「あつあつこうてきたで（できたてを買ってきたよ）」は、その「できあい」を買ってきて家で食べるときの枕詞《まくらことば》のようなもので、家に着いたときにはすでに冷めている、そのことに対する一種の言い訳でもある。

もうひとつの特徴が、その多くが小麦粉の食文化だという点である。粉モンの代表であるお好み焼きやたこ焼き、それに麺類たるうどんやラーメンの主食材はみなコムギである。そしてもうひとつの主役がソース。お好み焼き、たこ焼き、焼きそばにはそれぞれに特化したソースがあってしかも商品化されている。とろみがあるのも共通の特徴で、どれも甘辛にわずかな酸味とスパイシーな風味を持つ。

粉モンは、二〇世紀以降爆発的に流行した庶民の食である。何らかの形での統制を受け、その食べ方にまで政治の介入があった米食の文化に対し、大きな制約を受けず、自由にふるまった大阪の食文化の特質をよく表している。

京都人と『京都ぎらい』

では、京都人は鉄壁の一枚岩を誇っているのかといえばそんなことはない。井上章一《いのうえしょういち》さんのエッセイに『京都ぎらい』（朝日新書、二〇一五年）という一冊がある。二〇万部売れたという大ベストセラーなので、ご存じの人も多いだろう。著者が右京区嵯峨という「田舎」生まれであることを市内在住の大教授にちくりといわれた、というエピソードで始まるこの本は、同じ京都人の間の異質性を表現した一種の文化論である。

たしかに、京都人は心のうちを明かさず、とくに初対面の人からすると、冷たい、何を考えているのかわからないなど、負のイメージでくくられてきた。意地が悪い、いわゆる「イケズ」だという評価が浸透しているようだ。テレビなどでも京都人はプライドが高く、お高くとまっていてつきあいにくい人たちだという評価が定着しているようにみえる。

こうした評価がまったく的外れだとは思わない。京都人が「心のうちをなかなか明かさない」という言い方は、ある意味あたっていると感じる。ただしその理由が、意地悪だから、というのは少し違っているのではないかと感じている。それは、柏井壽《かしわいひさし》さんの言葉を借りれば「相手を傷つけないための」(『京都力　人を魅了する力の正体』PHP新書、二〇二一年)、一種の婉曲《えんきょく》な言葉遣いであろうか。

ことの真偽はさておき、井上さんの主張はそうした「イケズな京都人」の地域がごく狭い、ということである。京の街は狭い。とくに、洛中と呼ばれる中心部はごく狭い。なにしろ、以前は「四条の南は洛中ではない」などという人もいたくらいである。そして洛中と嵯峨など周辺部、周辺部同士には、多少の文化的異質性が、ごく最近まで残されていた。その異質性のひとつがちょっとした言葉の違いだった。

さて、京都人にとって、「ハレ」の日の食の楽しみといえば、市内の高級料亭での食事だろう。それも特別の日の。知人の一人は、「息子の結納」を市内のとある料亭でとりおこなったとフェイスブックに書いていた。若き知人もまた、これまた市内の一流料亭で結婚披露宴を挙行した。若い彼らがどう思っているかはともかく、その親の世代まではそのこと自体に意味があると考えている。フレンチでは収まりがつかない。そして、遠路はるばる駆けつけた親戚や、これから親戚になるであろう人びとに、「あの京都の、超がつく一流料亭でもてなしてもらった」と思ってもらえることにひそかな優越感を感じるのである。そしてこの日ばかりはにわか料理評論家に早変わりして、京都の食についてのうんちくを傾けるのだ。

加えていえば、ここでの京都人とは、代々洛中で暮らしてきたコアな京都人ばかりではない。

井上さんのような嵯峨出身の人びとも、このような状況のもとではしばしば京都人としてふるまうのである。

第3章　公家の流儀、武家の暮らし

食と季節

暦の上の約束事

食は季節に強く依存する。とくに食材はそうである。はっきりとした四季がある日本列島に生まれた和食が季節を大事にするのも、このことが強く関係しているのだろう。けれども、和食が四季を大事にするのは、単に自然だけの問題ではない。

季節というとわたしたちは春夏秋冬のほか、節供《せっく》や二十四節気《にじゅうしせっき》（後述）などを思い浮かべる。節供といえば五つの節供（五節供）をいうのが普通で、年の最初の節供である人日《じんじつ》の節供は一月七日である。そして次が三月三日の桃の節供、さらに次が五月五日の端午の節供、七月七日の七夕《しちせき》、九月九日の重陽《ちょうよう》の節供と続く。ただしこれはもともと中国の思想に基づくもの

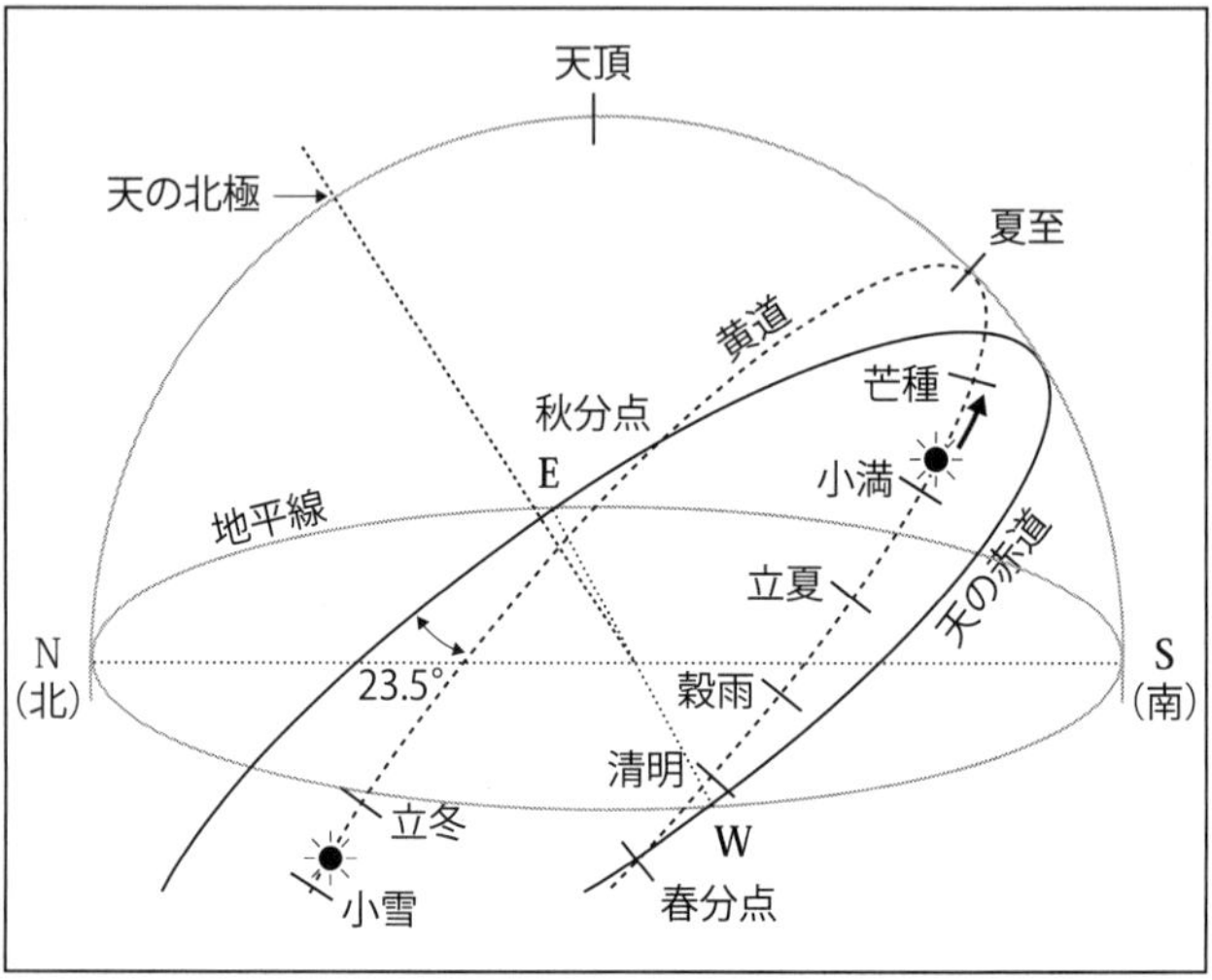

黄経

で、日本の風土にどこまで合っているかは疑問である。

二十四節気は天体の運行に基づく中国の暦法ではあるが、いまではすっかり日本文化のなかで根づいている。これについて少し詳しく説明しておこう（上図）。あらゆる天体は、天球と呼ぶ仮想上の球面上を日周運動するが、日周運動の回転軸（つまり地球の自転軸を無限のかなたに伸ばした点）を「天の北（南）極」という。そしてこの両極を緯度九〇度とし（赤緯《せきい》という。ただし北緯、南緯とは表記せず、赤緯プラス何度、マイナス何度のように表現）、零度にあたる線を「天の赤道」という。

いっぽう天球上の太陽の通り道を黄道《こうどう》という。地球の公転に合わせて、太陽は天球上を一年かけて西から東へと動く。この軌跡が黄道である。黄道と赤道とは約二三・五度の角度で交わっている。そして、天の赤道と黄道の二つの交点を、春分点、秋分点という。太陽が天の南半球から赤道を横切る点が春分点で、反対側が秋分点である。春分点を黄経零度、秋分点を黄経一八〇度として、黄道を二四等分した点を二十四節気と呼ぶ。各二十四節気をその黄経とともに記したものが左の表である。主だったところでは、黄経九〇度の点が夏至、二七〇度の点が冬至である。

カレンダーには「春分の日」とか「夏至」などとかかれたものがあるが、春分や夏至を含む二十四節気は、太陽が黄道上のある値（黄経）を通過する瞬間をいうのであり、たとえば「春

名称	太陽黄経	中央標準時（2022年）	
小寒	285度	1月5日	18時14分
大寒	300度	1月20日	11時39分
立春	315度	2月4日	5時51分
雨水	330度	2月19日	1時43分
啓蟄	345度	3月5日	23時44分
春分	0度	3月21日	0時33分
清明	15度	4月5日	4時20分
穀雨	30度	4月20日	11時24分
立夏	45度	5月5日	21時26分
小満	60度	5月21日	10時23分
芒種	75度	6月6日	1時26分
夏至	90度	6月21日	18時14分
小暑	105度	7月7日	11時38分
大暑	120度	7月23日	5時7分
立秋	135度	8月7日	21時29分
処暑	150度	8月23日	12時16分
白露	165度	9月8日	0時32分
秋分	180度	9月23日	10時4分
寒露	195度	10月8日	16時22分
霜降	210度	10月23日	19時36分
立冬	225度	11月7日	19時45分
小雪	240度	11月22日	17時20分
大雪	255度	12月7日	12時46分
冬至	270度	12月22日	6時48分

二十四節気と黄経

分の日」はその瞬間が何月何日にあるかをいう。天文学的には春分、秋分という瞬間は存在するものの、春分の日、秋分の日という定義があるわけではない。

二つの分、二つの至の四つの節気の間にあるのが、立春（冬至と春分の間）、立夏、立秋、立冬である。四つの「立《りゅう》」をまとめて四立《しりゅう》という。立春から立夏の間が春。夏、秋、冬も同じように定義できる。そして「立」の前の日が節分である。季節を分ける日という意味である。いまでは節分というと立春の前日をさすが、かつては四立すべての前にみな節分があった。

二十四節気は、もとは中国の思想を基礎においた体系で、それぞれの名称は季節を反映したものが多い。中国ではこれを農事暦に使ってきたようだ。いまの日本ではグレゴリオ暦に基づく太陽暦を用いていることもあって、肌感覚とは合わないところもある。たとえば、立秋は通常八月八日ころであるが、実際一年で一番暑くなるのはそのあとのことである。

この季節のシステムを徹底的に追究しようとする料理人がいる。京都にはそのような料理人は多いが、京都市の南東部、川端正面《かわばたしょうめん》にある「道楽《どうらく》」の主人飯田知史《いいださとし》さんもその一人で、『七十二候を味わう京料理』（光村推古書院、二〇二〇年）という本を著した研究者でもある。なお、「川端正面」は、鴨川に沿って南北に走る川端通《かわばたどおり》と正面通《しょうめんどおり》が交わるところである。そして正面通は、京都にあった大仏の前から西に延びる道路であったのでこの名がある。

七十二候は二十四節気の節気と節気の間を初候、次候、末候の三つに等分して作られる。二十四節気と七十二候の気と候を合わせたものが気候である。具体的には、たとえば立春（太陽黄経三一五度）から次の節季である雨水《うすい》（同三三〇度）の約一五日間を三つに区切り、それぞれ「東風解凍《とうふうかいとう》（はるかぜこおりをとく）」「黄鶯睍睆《こうおうけんかん》（うぐいすなく）」「魚上氷（うおこおりをいずる）」のような短い文で表現する。

飯田さんの料理は、そのひとつひとつの候を主題に組み立てられている。七十二候であるから、年を通じ七二のメニューが載せられている。たとえば、「菊花開《きくかひらく》」の候では左図のような盛り込みになる。むろん使われる食材がこの候の時期にしかないというわけではない。しかし、それぞれのメニューにはその背景に、その食材なり行事なりにまつわる物語が隠されている。

道楽の口取（写真・鈴木誠一）

京都の特質のひとつは、なんといっても都がおかれていたところにある。いまのようにインターネットで情報が乱れ飛ぶ時代とは違って、情報は一部の特権階級のものであった。そしてあらゆる情報が、天皇の居所のあった都に集まっていた。つまり京都は、八世紀末からすでに情報収集・発信の拠点だったのである。当然にして、中国の文化や制度なども、まずは京都にやってきた。二十四節気のシステムも、まずは京都の貴族社会に入り、やがて一般庶民のところにも届いて長く根づいてきたのであろう。

季節と季節感

けれども季節感は、このようなシステム化された季節とは必ずしも一致しない。もし、システム化された季節をトップダウンの季節感とするなら、暮らしの季節感はボトムアップの季節感である。ボトムアップの季節感は、いまでいう生物季節や、それに基づく農事に反映された季節である。

京都は盆地に立地し、そのため夏暑く冬寒い、四季の別のはっきりした土地柄である。食材や食べ方の工夫に四季が反映されるのも自然なことであった。多くの食材には旬があって、それが京都人の季節の感覚を支えてきた。ところが現代では、とくに植物性の食材にあっては「旬」の感覚が弱まってきている。

魚介類では旬はまだ健在である。養殖技術は進んできたので、一部の魚種では旬がみえにくくなりつつあるものの、多くの種では魚介類はまだ天然資源である。動物たちのライフサイクルは昔と変わることがなく、結果として旬が残っているというわけだ。一六ページのグジや五ページの鱧はまさにその代表である。

かつては肉やミルクにも旬があった。北部欧州では、秋にブタなどにドングリなどを大量に食べさせて太らせてから食用にした。といっても一度に食べきれるものではないから、ソーセージやベーコンなどの保存食が発達した。ミルクは、出産直後のメス個体が分泌するものだから、妊娠、出産の時期がミルクの時期である。家畜の生殖管理をおこなってきた遊牧民たちはミルクの旬を知っていた。現代になって家畜の餌《えさ》が農産物になったことで繁殖の旬がなくなり、それで肉やミルクから旬が失われたのである。

食べ物に旬があるのがあたりまえだった時代の人びとは、旬をなくすのにさんざん苦労した。二〇世紀の後半まで、野菜の促成栽培という語がはやった。冬でも暖かな宮崎県や高知県で栽培される、早採れの野菜がもてはやされた。そのうち、もっと早くとの声に押されてハウス栽培が普及した。当時小学校低学年の社会科では各種野菜の季節を答えさせる単元があったが、おそらくいまではこの問は設問自体が成り立たなくなってきている。トマトやキュウリなどの野菜は年中売られているからである。昔のように、トマトは夏野菜、という感覚はすでにその意味を完全に失ってしまっている。

人びとが旬をなくすのに工夫した、もうひとつの食べ物が保存食である。以前はいまとは異なり、食べ物がいつも潤沢に手に入るわけではなかった。何かが少し多めに手に入ったときにはその余った分を保存に回す技が発達した。潤沢に入手できる食べ物をなんとかして保存したいというのは、当時の人びとの切なる願いであった。

その代表が漬物であった。漬物といえばいまでは植物性の食材が中心だが、過去にはもっとずっと多様な食材が使われていた。また、佃煮のような熱を加えた保存食もあって、重宝されていた。このように食材を保存するということは、旬を越えてその食材を食べることを意味している。旬にこだわることは、豊かな食に恵まれる現代ならではのことだともいえる。なお漬物についてはあとに述べる。そして多くの食材から旬が奪われた現代、人びとはかえって旬を求めるようになってきている。

季節感を演出する

季節感を表現するのに使われたのは食材ばかりではない。店のしつらえもまた、季節感の表現に重要な役割を果たす。料理屋などでは、店の入り口にさりげなく飾られた一輪の花、節供などの行事の様子を取り入れた食器や調度、さらにちょっと洗練された技になると季節や行事を示す掛け軸など、暮らしの周辺にあるあらゆるものが季節の演出に使われてきた。常連の客たちは昨年一緒にここを訪れた人のことを思い出しながら、あるいは今年は去年よりも紅葉が遅いなどと感じながら食事をし、記憶をさらに上塗りしてゆく。

季節感の演出によく使われてきたのが植物の葉であろうか。とくに和食は葉をうまく使う食文化だといえる。桜餅のようにその季節を想起させる葉で巻いた菓子も多い。桜餅の葉は前年の晩春に採った葉を塩漬けにしたものではあるが、桜餅を食べる人はそれで春を感じる。柏《かしわ》餅《もち》のカシワ、粽《ちまき》のササやヨシも新葉の香りを楽しむものである。ハスの葉や柿の葉を皿代わりに使うことも多い。カジノキの葉は、中国の故事にちなんで七夕を演出する。

招猩庵のカウンター席から眺める夜桜（写真・招猩庵）

盆地周辺部の山すそに立地する店などでは、山川草木がそのまま演出の役割を果たした。裏山の紅葉《もみじ》の樹々、一本の山桜の老樹、谷を渡る鶯の鳴き声、あるいは外を流れる川のせせらぎ。そうしたものを借景として、店は食を演出してきた。わたしのお気に入りは、高瀬川に面した「招猩庵」というお店で、カウンター席からは川沿いのソメイヨシノがよくみえる。サクラの開花のころの数日、この席からのサクラの眺望はまたとないものとなる。とくに夜桜の景観は何ものにも代えがたい。つぼみのころはつぼみのころとして、満開前後の二〜三日間はいうに及ばず、そして散りはじめは散りはじめで、店主松本隆司《まつもとたかし》さんの演出が図られる。料理はむろん春の料理。タイの切り身を道明寺粉《どうみょうじこ》と塩漬けの桜葉で巻いて蒸した鯛《たい》の道明寺蒸《どうみょうじむ》し、旬前のタケノコとわかめを合わせた「若竹煮」などが出される。

梅雨前、空気がしっとりと湿気を帯びる季節には高瀬川の水面を蛍が飛び交う。百万都市の都心を流れる川で蛍がみられる機会はそうあるものではない。部屋の電気を落とし蛍の演舞をみながら、走りの鱧や夏野菜を味わうのである。

四条烏丸のほど近く、市内の中心部にある「木乃婦《きのぶ》」の主人高橋拓児《たかはしたくじ》さんは博士号を持つ異色の料理人であるが、街なかという特性を活かしたしつらえの面でも異彩を放っている。暖簾《のれん》をくぐると石畳敷きのアプローチが玄関まで続く。玄関

木乃婦の坪庭をもつ客室（写真・木乃婦）

をくぐれば都会の喧騒《けんそう》を忘れさせる静かな空間が広がっている。部屋の奥には坪庭よりもさらに小さな植え込みがあり、その季節ならではの花がさりげなく場を演出している。自分が都心にいることを忘れてしまう。ちなみに高橋さんは最近は和食とワインとの相性を考えておられるようで、ソムリエの資格を取り、和食とワインのマリアージュを演出しておられる。和食の料理店もここまできているのかという思いを抱かせる。

季節と連帯意識

人はなぜ他者とともに食事をするのだろうか。そのわけは人類史をひもといてみないと理解はできまい。もう何十万年も前から、人類はせいぜい数家族からなる数十人単位の集団で暮らしていた。食料は、その単位で調達していた。つまり、集団はその自己責任で、構成員全員の食べることすべてをまかなっていた。もちろん、集団内には分業のシステムはあったことだろう。分業は、最小の単位である家族内にもあった。そして、分業があったからこそ、共食、つまりともに食べるという習慣が育ってきたのだろう。

同じメンバーが飲食を長くともにすることで、かかわった人びとの間には、何を、いつどこで食べたかなど、食べることにかかわる共通の記憶が出来上がる。「いつ」にかかわる記憶は、何月何日という暦上の時期だけではない。「いまはなき友人とした最後の食事の日」「はじめてデートした日」「昨年の誕生日」など、きわめて個人的な節目が重要な意味を持っている。もちろん、「三年前の祇園祭の宵山《よいやま》の日」などという、いかにも京都らしい節目もある。

死別する、子が独立するなどして共食の関係が切れたのちも、食の記憶は生き続ける。わたくしごとで恐縮だが、祖母と母は南紀《なんき》の生まれで、正月になるとサンマの寿司を作っていた。寿司に使うサンマは脂の落ちた痩《や》せぎすのサンマでなければならなかった。南紀の海には、正月前には秋落ちのサンマが沖合を南下してきていて、この用途にぴったりだった。この秋落ちのサンマを何十本も買ってきては背開きにし、中骨とワタを取ってうす皮を剝いて塩をしたのち、半日ほど酢につけて姿寿司にする。その酢も、米酢と柚子の搾り汁を合わせたものである。いまでもサンマ寿司をみかけると買って食べてみるのだが、そのたびに祖母の味を思い出す。

「どこ」も、「いつ」に負けず劣らず重要である。京都は、この意味でもとても有利な土地のひとつである。歴史的な建物がそこここにあり、話題にこと欠かない。店の名前やその年月日を思い出せなくとも、その場所やランドマークが記憶の醸成に一役買うのである。

「ほら、天龍寺の脇の鰻屋さんで食べたうざくがおいしかったじゃない」

「ああ、あの竹の小道の近くの鰻屋さんね」

などという具合に記憶がよみがえるのである。

誰もがこうした味の記憶を持っている。そして、同じ体験をしたもの同士が会ってその話をすることで共感が生まれる。おいしさとは、このような記憶の蓄積によって作り出されるものである。ある地域の伝統食が、紆余曲折《うよきょくせつ》を経ていまに伝わるその陰にも共感がある。京都でいえば、「海の京都」である丹後の伝統食として知られる「ばら寿司」もそのひとつだ。ばら寿司は一種の箱寿司のちらし寿司であるが、他と異なるのはサバのおぼろを使うところにある。そして何よりの特徴は、これを専門に出す専門店が一〇店以上もある一方で、多くの家が自家製のばら寿司を作るところにある。丹後の人びとにとって、ばら寿司は「何かの折」に食べる行事食なのだ。「いつどこで、誰と食べたか」が、一人ひとりの記憶に刻みこまれる。食をともにしたことで、その話題に触れることで、同席した人びとの間にある種の連帯感が生まれる。ここでも、おいしさとは連帯感である、といえるであろう。

記憶の蓄積がなければ、季節感も、季節感に伴う感慨や共感もない。したがって人と人とをつなぐ連帯感も生じない。社会のなかで、最も強い連帯感で結ばれてきたのが家族であろうが、食卓を囲まない家族はいったいどうなってゆくのだろうか。

京の行事と食

食が季節を表すもうひとつのあかしとして、行事食を挙げておこう。行事食もまた、季節感をよく表している。季節感の背景にあるのは、年ごとに繰り返される行事とその食である。そのうちのいくつかを掲げておこう。

京の正月の雑煮は、白味噌仕立ての汁に丸餅やカシライモ、祝ダイコンの薄切りなどが入る。餅は焼かずに入れる。また小正月には小豆粥《あずきがゆ》を食べるところもある。小豆粥というと甘そうにみえるが、じつはほんのり塩味である。

二月三日の節分は京都でも行事が盛んに営まれる。そしてこのときに食べられるのがイワシの塩焼き。頭はヒイラギ（柊）の枝に刺して門口におく。京都を含む関西で節分の食というと最近では「恵方巻《えほうまき》」が注目される。京都にも五〇年ほど前からあったようである。太巻きの海苔《のり》巻《ま》き寿司を切らずに食べるのが習わしで、いまではすっかり全国区になってしまったので広く知られるようになったが、もとは関西のおこりである。

下御霊神社の茅の輪
（著者撮影）

一年の半分が過ぎる六月末、京都のいくつもの神社では「夏越《なご》しの祓《はらえ》」の行事がおこなわれる。割いた青竹を直径二・五メートルほどの円形に組んでカヤの葉で巻いた「茅《ち》の輪《わ》」を立てかけ、それをくぐれば残り半年は疫病にかからないと言い伝えられる。そしてこの日を中心に食べられるのが「水無月《みなづき》」と呼ばれる生菓子である（口絵）。直角三角形をしているのが特徴で、外郎の台の上に甘く煮たアズキが行儀よく並べられる。

七月の京都は、とくに梅雨明け直前に最も蒸し暑い時期を迎える。この月、京都市の中心部は祇園祭一色に塗りつぶされる。そして祇園祭の食といえば何をおいても「鱧」である（五ページ）。調理法はいろいろだ。落とし、焼き鱧、鱧寿司などなど。おもしろいのはこの時期、八坂神社の関係者は神紋に似ているからとして、キュウリを食べない。いわゆる胡瓜封《きゅうりふう》じである。これもまた行事食といえるだろう。

旧暦の一〇月（亥《い》の月）の亥の日に食べられるのが亥《い》の子餅《こもち》である（口絵）。亥とは猪《いのしし》（い）のことである。イノシシが多産であるのにあやかって、たくさん子を授かるようにという願いを込めて亥の子餅を食べる。もとは宮廷の習慣であったようだ。亥の月亥の日は、秋が深まり火を使いだす日にあたり、茶の世界でも炉を開く日とされている。亥の子餅はこの日の主菓子《おもがし》になる。

一二月になるとあちこちの寺で大根炊きがおこなわれ、参拝客にふるまわれる。詳細は一五ページをみていただきたい。

京都にはこうした、現役の年中行事がまだいくつもあり、それに伴う行事食が作られ、食べられている。行事食を残そうと思えば、その行事を残す必要がある。そしてその行事を残すか残さぬかは、京都人たちの胸三寸にかかっている。

京料理とは何か

京料理と五体系

さて、京都の和食といえば、やはり「京懐石」とか「会席」などと呼ばれる料理だという人も多いのではなかろうか。懐石と会席とは、発音が同じこともあってしばしば混同されるが、「そもそも」を考えると、両者は分けて考えるべきものである。懐石料理は茶事の際に出される簡素な食で、本来は質素倹約の意図が込められている。また懐石のフルコースとなると数時間を要する。現代の感覚では、「京懐石」は経営としてはなかなか成り立たない。おそらくはこういうことが関係して、品数も増やしコースの時間を二時間程度に縮めた「会席」がディナーとして採用されたようだ。

「そもそも論」はともかく、会席料理の特徴はコース料理であることだ。そして、いろいろなバリエーションはありつつも、だいたいの形と出される順序は決まっている。京料理というとき、多くはこの会席料理をさしている。むろん京料理は会席料理ばかりではない。京都にあるから京料理なのであって、何か特別の料理形式をさすわけではない。ただ、人口に比して他の街より料理店の数が多いのと、観光客や、以前ならば大阪に来たビジネス客を「京料理」でもてなすというときの、その京料理の名前がしっくりきたのであろう。

ところで、京都には「五体系」と呼ばれる、五つの料理の体系があるといわれる。本書でも取り上げた精進、懐石、おばんざい、それからこのあと取り上げる大饗《たいきょう》、本膳の五つである。おばんざいに代わって、有職《ゆうそく》料理を入れることもある。京都の食の関係者は、五体系を「京都固有の料理」だと考えている。京都の「郷土料理」というところだろうか。ただしこれは都《みやこ》の郷土料理である。しかも非日常の食、つまり「はれ」の食という性格が強い。なおここでは「はれ」は民俗学がいう「ハレ」の意味を持ちつつも、もっと一般的な意味でのそれ、つまり「晴れがましい場」くらいの意味に使っている。要するに京料理とは、「ハレ」の日、つまり何か特別の日の改まった場の料理だといってよいであろう。

京料理のエッセンス

京の会席料理は、他の地域のそれとどう違うのだろう。

ひとつは水へのこだわりである。ある有名料理店が東京に支店を出したとき、料理に使う水を京都からトラックで運んだと話題になった。まさかと思って確かめたが、本当のことだった。料理人は、ここまで水にこだわるのである。水の性質はペーハーや硬度などさまざまな要素で決まるが、とにかく京の水は京料理に合う。いや、京料理は京の水にあうように進化してきたのだろう。

もうひとつは京料理が、高度に発達した人と人との関係性、つまり長い時間をかけて培われた濃密なネットワークの上に成り立っていることである。つまり京料理は人間関係そのものなのだ。むろん、人類の食は、京料理に限らずことごとに関係性の上に成り立っている。だから食は文化なのだ。けれど京料理は、そのなかでも関係性への依存度が特別に高いように思われる。それは、ビジネスというよりはなりわいそのもの、人間関係そのものだといってよい。

京都が、食材の面では豊かな土地ではないことは繰り返し述べてきた。京都の食は、「昆布とカツオのあわせだし」をはじめ、日本各地の食材に支えられた合わせ技なのだ。そしてそれらの食材は人が運んできたものである。京都は早くから、全国につながるネットワークを構築してきた。こうしたネットワークは、どの都市にもあったものだ。そしていまでは、その規模からいっても広がりの範囲の広さからいっても、東京が京都をはるかに凌駕《りょうが》している。集まる食材の豊かさについていえば、東京のそれは間違いなく日本一、そしておそらく世界でもトップクラスだろう。この指標でいえば京都はたぶん、東京の足もとにも及ばない。それにもかかわらず、京の食文化が日本に冠たる食文化であることには料亭（料理屋）の文化が深く関係しているように思われる。料亭が、この濃密な関係性を体現している。

料亭では、料理そのものはむろんのこと、食器やしつらえ、さらには庭なども重要なもてなしの要素になる（一三六ページ）。食器だけをとってみても、陶器や磁器、ガラス器、箸を含む木器や漆器などがある。最近はスプーンなどの金属器も使う。むろんこれらそれぞれに専門業者がいる。これらの手入れも必要だ。しつらえや庭となると、その範囲はさらに広がる。そして主人や女将《おかみ》はこれらのすべてに通じていなければならない。

いっぽう、これらの関連業者からみれば得意先たる料亭がある程度の数維持されていることが必要である。たった一軒の料亭のために事業を展開し続けることはできない。とくに現代はそうである。ある程度の需要がなければ供給ができなくなるのはどの世界も同じことだ。

そして、それぞれの要素が長い歴史を持って技を集積してきたところに、京都の京都たるゆえんがある。料亭とこれら周辺の業者とのかかわりは世代を越えて続いてきた。祇園で二四〇年にわたって鯖寿司を作り続ける「いづう」の八代目当主佐々木勝悟《ささきしょうご》さんによると、店で使われる酢は代々、市内の造酢所である斎《いつき》造酢店のものだという。こうした濃密な関係が料亭の料理を支えてきたのである。そしてその関係性が第二次世界大戦の前から、場合によっては明治維新の前から続いてきた、しかも互いに顔がみえる濃密な関係だというところに特徴がある。このことが固有の食文化を形成してきた。

むろん京の街にも、料亭の文化などとは無関係の人びとが増えてきている。昼食はカップ麺で夜はコンビニ弁当という若者世代は確実に増えてきている。だがそれでも、料亭の食文化は、まるで水が染み出すように、街にも浸透し続けている。

公家の料理、武家の料理

公家の料理

京の食文化の根底にあるのは、なんといっても一一〇〇年間にわたる「都の蓄積」である。いかに技術が発達しようとも、人類はこの時間の壁を超越することはできない。一一〇〇年あまりの長きにわたり都がおかれていたということは、天皇や天皇を頂点とする公家社会がそこにあったことを意味する。では、天皇を頂点とする公家社会の食はどのようなものだったのだろう。

六盛の「王朝料理」（写真・六盛）

公家社会の食といっても残された記録はごく限られている。そのために彼らの食は謎のベールに包まれている。わずかな記録をもとに、当時の食を復元した人がいる。左京区岡崎《おかざき》の「六盛《ろくせい》」主人の堀場《ほりば》弘之《ひろゆき》さんは、記録をもとに「王朝料理」として復元している。これはおそらくは蒸した米を高く盛った「高盛」の飯の周囲に、さまざまな動物性の食材をいまの小皿のような皿に一品ずつ盛ったものである。手前には、これまた小皿にとった塩、醤《ひしお》などの調味料がおかれている。食べる人はこれを使い、自分で調味して食べていたようだ。

京には、この宮中の食の伝統をいまに伝える「有職料理」という語がある。有職の語は有職故実《ゆうそくこじつ》の有職で、『世界大百

萬亀楼の「庖丁式」（写真・萬亀楼）

科事典』には、「平安時代以後、朝廷の儀式典礼を行う場合、そのよりどころとなる歴史的事実を故実といい、この故実に通じていることを有職といった」とある。つまり有職料理とは、朝廷の儀式典礼にかかわる料理ということになる。そしてこの有職料理を頑固なまでにいまに伝える料理屋もある。もちろんそれが一〇〇〇年も前の姿をそのままいまにとどめているわけではない。いくら故実をいっても、当時の材料がそのまま入手できるかはわからない。ただ、そのしきたりに沿ったメニューがいまに伝わる。

　西陣の「萬亀楼」は創業三〇〇年になる老舗料亭だが、料亭であると同時に、ご主人の小西さんは、すでに述べたように庖丁式の流派である「生間流」の継承者でもある。庖丁式は食の儀式で、魚や鳥を、素材に一切手を触れることなく、まな箸と庖丁だけを使い所定の方式で切り分けてゆく一種の礼式である。なお、庖丁式の流派は江戸時代までは宮廷や公家などに仕える料理人であったが、明治維新後はあいついで料理店を開業してその食文化を一般社会に広めた。このあたりの事情は、フランス革命以後のフランス料理の大衆化の過程とよく似ている。

古代にあっては、貴族社会は特権社会であった。食についても例外ではなく、彼らはたとえば真夏にかき氷を手に入れることさえできたのだ。清少納言《せいしょうなごん》の『枕草子《まくらのそうし》』第四二段には、「あてなるもの」のひとつとして、「削り氷にあまづら入れて新しき金椀《かなまり》に入れたる」とあって、いまでいうところのかき氷に甘い蜜をかけたものを食べていたことが知れる。夏のものなのだろう。

なお、公家たちの日常の食、庶民の食がどうであったかは資料に乏しく、ほとんど知られていない。

武家の料理

中世に入り武士が政治の実権を握るようになると、武士の食文化が登場する。とはいえ、戦国時代のはじめころまでは職業軍人はむしろ少なく、多くは日ごろ畑を耕しながらいざというときには武器をとる農家兼業のような武士であった。室町時代、その武士たちの社会の頂点に立つ幕府が京都におかれたことで、同じく京都にあって天皇を頂点とする貴族社会とのかかわりが増えた。これによって、行事やしきたりなどを取り入れた武家社会の料理の体系が京に生まれた。なかでも、他の武家や公家たちをもてなす際の饗応《きょうおう》の料理——饗応膳が発達した。これが江戸時代になって形式が整えられ、さらに発達を遂げたのが本膳料理である。

饗応膳のメニューをみて気づくことは、とにかく量が多いことである。これだけのものを一人で食べたとはとても思われない。もちろん饗応の膳であるから、いまの感覚でいう一食分と考える必要はない。またすべてが実際に食されることもなかったようである。が、それにしても量が多い。しかもそれが、いまの懐石料理のように一品ずつ出てくるのではなく一膳としてまとめたものが何回かに分けて出てきたというから、さぞかし豪勢なものであったことだろう。かつて地方の結婚式などでは、大座敷に人数分の膳がずらりと並べられたが、あのような姿を思い浮かべるのがよいだろう。

使われた食材のなかには、ツル、キジ、ヒバリなど、現代では食することのない多様な動物種の名前がみえる。これらを、参列者全員ではないにせよ、大人数の分だけ用意するのは大変なことだっただろう。逆にいうと、どれだけの食材を集めどれだけ趣向を凝らしたかは、ホストの実力や、ゲストに対する姿勢を示すこととなった。饗応は、武家社会におけるこうした人間関係を映す鏡であった。

本膳料理は明治に入りすたれたが、それではそれが現代の京の食と何のかかわりもないかといえば決してそのようなことはない。そのエッセンスの部分は時代を越えて確実にいまに受け継がれ、そして、次に述べる精進料理や懐石料理など現代の和食の基礎をなしていったのである。

饗応は、武家にとって重要な行事であった。武家の権力闘争は、戦争だけではなく、外交・

交渉の技を必要とした。饗応は、交渉の相手をどうみているか、どう評価されるかのポイントとなる重要なイベントだった。そしてその中心にあるのが饗応の膳であった。国や自らの一族の命運をかけるわけだから、当然にして力が入る。それだけに豪勢になるものも多く、その記録が多く残されている。しかもメニューが細かく記載されたものも多い。

饗応は全国各地でおこなわれたので、饗応の料理を京都固有の食文化と捉えることはできない。けれども、大がかりな饗応がしばしばおこなわれたのはやはり京都を中心とする地域であったろうし、またその情報が多く集積されてきたのが京都であることもまた確かであろう。

武家の思想が京の食に影響を及ぼした点がまだある。精進料理と茶事がそれである。武家は鎌倉幕府の開幕以来、臨済宗や曹洞宗《そうとうしゅう》などいわゆる禅宗と深いかかわりがあった。その禅宗が発達させたのが精進料理の体系であり、また茶事の体系であった。「自力本願」ともいわれる禅宗が、質実剛健を旨とする武家の思想と親和性が高かったことは容易に想像ができる。

いっぽう武家の食文化は先に書いたように野鳥や、シカ、イノシシなど野生動物も盛んに食べている。また、富士の巻狩りをはじめ狩猟とのかかわりも深い。これには軍事訓練の目的もあったのだろう。一見矛盾するかにみえる精進料理と肉食のかかわりはどこにあるのか。次にこれを考えてみよう。

精進料理

禅寺と精進料理

日本列島には、相当に古くから肉食を忌避する「精進料理」に通じる考え方や生き方が根づいてきた。中国の文書である「魏志倭人伝」には、「(邪馬台国の人は)喪中には肉食をしない」とあるので、「穢《けが》れ」や、あるいは食による「祓《はら》い」あるいは「祓《はらえ》」に似た考え方があったのだろう。アニミズムに根づいた修験道も、少なくとも行の期間は肉食を禁じることがある。出羽三山《でわさんざん》の修験者たちは、秋分のころから始まる「冬の峰入(冬季の修行)」の間は精進食を貫き、大みそかから元日早朝にかけての修行の明けには鰊《にしん》の寿司を食べて精進落としをする。現在の精進料理は仏教の影響を受けたものとはいえ、より古くからの、たとえば修験道のような思想が色濃く影響を及ぼしてきたとみるべきである。

奈良薬師寺《やくしじ》の僧が編集した『日本霊異記《にほんりょういき》』には、奈良時代かそれより古くから語り継がれていたと思われる説話が集められている。なかには、虐待されていた動物を救ったことで災いを逃れたとか、よいことがあったという話や、反対に卵を煮て食ったがためにひどい死に方をした若者の話などがある。

仏教は、世界に広まった世界宗教のなかではどちらかというと食のタブーの少ない宗教である。しかし「不殺生」は仏教の重要な教義であり、動物性の食材の忌避を受け入れやすい素地がここにある。

日本列島では古代の終わりころ、災害、政治的混乱などが重なって社会を襲った。それまでは特権階級の人びとだけのものであった救世の仏教が、新興の武士や一般の人びとの間にも浸透してゆく。とくに、中世初期には、それまでの在来の宗派に飽きたりない僧たちが中国でさまざまな仏教を学んで帰国していた時代であった。日本の若き仏僧たちが習ったのが禅の思想と教義であった。

臨済宗や曹洞宗も、一二世紀末から一三世紀はじめに中国から輸入された。臨済宗は栄西《えいさい》が一一九一年（建久《けんきゅう》二年）に宋《そう》から帰国、一二〇〇年（正治《しょうじ》二年）に鎌倉に寿福寺《じゅふくじ》を、ついで一二〇二年（建仁《けんにん》二年）に京都に建仁寺を開いたことに端を発する。曹洞宗は、道元《どうげん》が一二二七年（嘉禄《かろく》三年）に帰国しその後一二四四年（寛元《かんげん》二年）に大仏寺（のち永平寺《えいへいじ》と改める）を開いたことに端を発する。これら禅宗は、それまでの「他力本願」の仏教とは趣を異にし、ひたすら自己を磨く修行によって悟りを開く、いわば「自力本願」の宗派である。加えて禅宗は日々の暮らし、たとえば食を修行の一部とみなした。

なかでも道元は食にこだわった。他の宗派が食など日常の生活に重きをおかなかったのに対して、道元は食、それも調理から食べることまで、食にかかわるおこないすべてを修行と考えた。その教えは『典座教訓《てんぞきょうくん》』に集約されている。「典座」とは禅宗寺院における調理担当の僧のこと。食にこだわった禅の教えはこういうところにも表れている。『典座教訓』は、現代語訳も出されているので詳細はそれをみていただくとして、そこには動物の殺生を固く禁ずることのほか、料理の心得、食べる際の心得などがこと細かに書かれている。社会も時代も違うい
ま、その教えをそのまま守ることは到底できないが、いまの日本の精進料理のもうひとつの原点がここにあるといってよいようだ。

流行だったか、精進料理

臨済宗、曹洞宗など禅宗寺院などでは、開祖の命日の法要（開山忌などという）に出された精進料理のメニューがそのまま残されているところがある。没後何年という開山法要の際には同じメニューの料理がいまも出され、参列者全員でいただく。これを「再現」したのが京都で長く続く精進料理の店「矢尾治《やおじ》」の上田倫正《うえだのりまさ》さんである。矢尾治ではいくつかの禅寺の開山忌の料理を出している。そしてそのメニューは、最初の法要のとき以来変わっていない。

とはいえ、使われる食材のすべてがいまと同じであるかはわからない。たとえば同じ「ダイコン」でも、いまのダイコンと当時のダイコンとが同じであるとは思われないが、伝統とはそうしたものであろう。

さて、精進料理の日本におけるその後の展開に戻ろう。精進料理のおこりが修験道やそれと習合した仏教にあったことはそれとして、それではそれが広く日本社会に展開したのは、どう

してであろうか。上田純一さんは、精進料理を広めた力は仏教の教義などよりはむしろ一種の流行であったといっている。そしてその原動力となったのが「もどき料理」だったのではないかというのである。「もどき」とはまねること。つまり「もどき料理」は野菜や豆腐などを使って、肉や魚に見立てた料理をいう。この見立てが、日本文化の粋を凝らしたもので、これが江戸時代に大流行したという。

矢尾治の精進料理（写真・矢尾治）

もうひとつ、『京都ぎらい』の井上章一さんも精進料理について、「ホテルを営む寺のレストラン部門のアイデア商品」ではなかったかと考えている。室町時代の後期になると、各地の大名たちは京都を目指していた。しかしそこに、いまのホテルのような宿泊施設は、寺以外にはなかった。武将たちは、市中の大きな寺を借り切ってそこに宿泊した。織田《おだ》信長《のぶなが》も最期は本能寺《ほんのうじ》で迎えている。なかでも禅寺は庭の整備に熱心で、それが武士たちの気に入ったのではないかという。しかし、禅寺のこと、動物性の食材をおおっぴらに出すわけにはゆかない。このことは宿泊業としては不利なはずだが、そこを逆手にとってもどき料理なるものを発明して、武士たちの気を引いたのではないかというわけだ。つまりそこには「仏教ゆえの必然」性は感じられない。上田説と井上説の共通点はここにある。

なお仏教の教義に深くかかわらないことから、仏教関係者の間にも「もどき料理」に対してはさまざまな考え方があるようだ。先の上田倫正さんも、もどき料理にはやや批判的である。そもそも精進は禁欲の料理であるから、肉を食べない、魚を食べないという禁欲的な食生活それ自体を修行と捉えている。それなのに「もどき」を食べるというのでは、修行の意味も半減してしまう。それも、みかけは本ものの鰻そっくりの豆腐の蒲焼《かばやき》など、やはり本旨に悖《もと》るようにも思われる。実際、上田さんが作る精進料理にはもどき料理はあまりない。

精進料理の店はどこにでもある。むろん京都にもある。先にも書いた、各寺院での開山法要の料理などもしだいに知られるようになってきて、一種のブームになりつつある。最近注目を集めるビーガンの思想、実践もその後押しをしている。いま精進料理が受け入れられる背景には健康ブームがあると思われる。精進はいま、健康食、あるいは健康志向食として社会に受け入れられようとしている。

なお、近世には、都市部ばかりか地方の一般社会にも肉食を敬遠する傾向がみられた。その理由のひとつは秀吉による刀狩の影響にあるとする見方もある。刀狩は、農村社会から武器を取り上げる目的でとられた政策であったが、結果として山野の野生動物を獲る手段を奪ったことにつながったというわけだ。

精進食としてのダイズ

ダイズは、日本原産とされる数少ない作物のひとつで、すでに縄文時代から栽培化が進んでいたと考えられている。熊本大学の小畑弘己《おばたひろき》さんは、『タネをまく縄文人』（吉川弘文館、二〇一五年）のなかで九州など西日本に住んでいた縄文人たちがダイズの栽培化を始めていたと考えている。ただし、ダイズの遺伝学者たちはダイズの祖先となったのが「ツルマメ」と呼ばれる種であるとし、その現在における分布の範囲からダイズの起源を、「日本を含む東アジア一帯」と考えている。つまり、日本だけではなく、朝鮮半島から中国の一部を含む広い地域がダイズの起源地だというわけだ。

ダイズは植物性の食材には珍しく高タンパク、高脂肪で、古くから重宝されてきた。とくに高タンパクという性質は、魚資源に乏しく、かつ神社仏閣が多く精進の伝統息づく京の街で、ニーズの高い食品だったのである。

ダイズは一晩ほど水につけておいてから、茹でて柔らかくして石臼《いしうす》でつぶす。あるいは先にすりつぶしたダイズを加熱してもよい。これを漉せば豆乳、残渣《ざんさ》がおからである。豆乳を平たい鍋に入れてゆっくり加熱すると表面に薄い膜が張る。これをていねいにすくったものが湯葉である。湯葉は生でも食べるが、乾燥させた乾燥湯葉も保存が利き、さまざまな料理に使われてきた。巻いた状態の湯葉を煮物に加えるとか、水で戻した湯葉でいろいろな具材を巻いて天ぷらにするなどである。京都にも何軒かの湯葉屋さんがある。生湯葉、乾燥湯葉の双方を扱うところが多い。

豆乳に、にがりなどの凝固剤を入れて固めたものが豆腐。固めたものを布に包んで脱水させて作る。

豆腐は生《き》のままでも食べるが、これを油で揚げるとあげになる。薄く切った豆腐を揚げたものが薄揚げで、分厚いまま揚げると厚揚げになる。豆腐を寒風などにさらしてフリーズドライにしたものが凍《し》み豆腐。凍《こお》り豆腐とも、またはその産地名をとって高野《こうや》豆腐ともいう。このように、豆乳に端を発する食材はじつに多様なものになる。これに味噌、醬油などの発酵ダイズを加えれば、和食の食材の体系のおもな部分はおおむねカバーできるといって過言ではない。

京の味噌

いっぽうダイズには大きな欠点がある。調理に長い時間がかかるのだ。かといっていったん調理してしまうと、今度は保存が利かなくなってしまう。そのために多様な調理法が考案され、また幾多の発酵食品が発明された。そのひとつが醬油や味噌などの、いまでは調味料とされている食品である。

醬油は室町時代の末には関西で大規模な生産が始まったが、江戸時代以降は大手の生産者が野田《のだ》（下総《しもうさ》国葛飾《かつしか》郡、現在の千葉県野田市）など各地に登場し、大量生産、輸送がおこなわれるようになった。京都を含め地方にはまだ小規模な生産者が残ってはいるが、味噌に比べればその数もそれほど多くない。いっぽう味噌は醤油に比べると全国的な大手生産者はほとんどなく、各地に多数の小規模生産者が残っている。いっぽう味噌は醤油に比べて古くからある食品であるが、生産は醤油ほど大型化しなかった。おそらくは、——手前味噌という語があるくらいに——味噌は家庭で作られることも多く、産業化が遅れたのだろう。とくに岐阜や長野などにはその傾向が顕著で、また玉味噌という、麴を加えない製法も残されている。

味噌の原料、とくにダイズ以外の副原料の種類や割合には地域性がある。全国的には米が多いが、九州などでは米の代わりにオオムギを使うところがある。また中部圏にはダイズのみを使う地域もある。それぞれ、麦味噌、豆味噌などと呼ばれている。

京都はじめ関西や香川県など四国の一部には、白味噌と呼ばれる味噌がある。文字通り色が白っぽく、また甘みを持つ味噌である。それもそのはずで、白味噌の主原料は米麴である。市内の老舗本田《ほんだ》味噌本店の本田《ほんだ》茂俊《しげとし》社長によると、同社の白味噌に使われる米とダイズの比はほぼ二：一であるという。同社の普通の味噌が一：二であるのと比べれば、米麴のウェイトの大きさがわかろうというものだ。

京では、白味噌の役割は重要である。多くの家庭ではいまも白味噌仕立ての雑煮を食べている。加えて、田楽に塗る田楽味噌も白味噌で作られる。白身魚や鶏肉を白味噌に漬けた味噌漬《みそづ》けも多い。東京では、白味噌に漬けた魚などを「西京漬《さいきょうづ》け」と呼ぶが、京都人はこの語はまず使わない。「西京」の語が、西にある京（みやこ）の意味だからだ。大阪人がよく使う「関《かん》東炊《とだ》き」はおでんのことだが、東京の人はそうは呼ばない。それと同じことである。ただし、先の本田味噌本店には「西京白味噌」と呼ばれる商品がある。おそらくは東京を意識してつけられた名前であろう。

白味噌は、菓子にも使われる。千家《せんけ》のひとつ裏千家《うらせんけ》の初釜《はつがま》に使われる主菓子のひとつに「花びら餅」がある(口絵)。搗いた餅を直径数センチの円形に薄く延ばし、ひし形の赤い餅を載せて白味噌を塗り、茹でた牛蒡《ごぼう》を芯《しん》にして半円形に折りたたんだもの。菓子の老舗「老松《おいまつ》」の主人である太田達《おおたとおる》さんによると、花びら餅はもとは宮中で「歯固めの行事」に使われる行事食だったようだ。

花びら餅が主菓子として扱われているのも、それが甘いためであろう。そして白味噌は、花びら餅以外にも、最近はたとえば柏餅の餡にも使われている。これを白味噌餡という。菓子店によっては、外側の餅を草餅にしたものはアズキの粒餡、白い餅を使ったものはこし餡、そしてピンク色に染めたものは白味噌餡、というふうに区別しているところもある。錦市場の和菓子屋さん「畑野軒老舗《はたのけんろうほ》」(二〇二一年九月閉店)の白味噌餡は少々変わっていた。白味噌に水あめを混ぜ、煮詰めて作る。そのために色は濃くなり、普通の味噌のような色合いになっていた。

京の納豆

もうひとつのダイズの発酵食品が納豆である。納豆は茹でるか蒸すかしたダイズに納豆菌を処理してできた食品で、歴史はかなり古いようだが、起源はよくわかっていない。納豆の分布範囲は東日本が中心で、関西では納豆はほとんど食べられない——この言説は半世紀ほど前までは正しかったように思う。わたしが学生のころ、大学の学生食堂でも納豆はおかれていたが、関西出身の多くの学生たちは手を出すことはあまりなかった。納豆は臭い、口のまわりや手がべたべたする、などのネガティブイメージを持つ同級生が多かった。だが、いまでは関西人たちも納豆をよく食べるようになった。ひとつには健康ブームが関係している。納豆を一日一パック食べると死亡率が下がるなどの疫学研究の成果が語られるたび、関西での納豆消費量は増えているそうだ。

京都に納豆がまったくなかったわけではない。京北と呼ばれる地域（右京区京北）には「納豆餅」と呼ばれる郷土料理がある。搗きたての餅に納豆を混ぜ込んだもので、保存食とも、あるいは農民兵が戦地に向かう際の兵糧であったともいわれる。餅は糖質のかたまり、納豆は高タンパク食品である。この組み合わせにより「米とダイズ」というパッケージがあらためて浮かび上がってくる。そしてともに保存が多少は利く。ともかくその影響か、市内にも納豆の製造業者が何軒かある。どれも経営規模は味噌業者に比べても小さく、大きな工場などは持っていない。

そのうちの一軒、藤原《ふじわら》食品を訪ねてみた。「鴨川納豆」の商品名で数種類の納豆を出しているが、住宅街にあるごく普通の家の三和土《たたき》が製造所になっている。製造は週三日ほどだという。

大徳寺納豆（写真・本家磯田）

赤ダイズ、黒ダイズなどいくつかの品種を使いわけている。納豆菌は、専用の業者から調達している。

藤原食品の創業は一八九九年（明治三十二年）。社長の藤原和也《かずや》さんによると、藤原さんの祖父が近在の人びとのリクエストに応じて納豆作りをしていたものが本業になったのではないかとのことだった。昔は、納豆や味噌などは自家製作する家庭が多かった。だがしだいに外部化が進み、町内に味噌屋や豆腐屋ができるようになった。

やがて、味噌屋は少しずつ集約化が進んで一部が大型店に成長した。豆腐も郊外にいくつか大型の製造所ができるようになった。いっぽう納豆はなかなかそうはならなかった。京都では小規模の店がしだいに姿を消してゆくなか、納豆の消費それ自体もどんどん減退していった。

ところで、納豆を作る納豆菌は枯草菌《こそうきん》の仲間で、日本以外の地域にも普通に自生する。納豆自体も日本固有の食品ではなく、大陸の奥地やベトナム、インドネシアにもある。金沢大学の研究グループが、大陸方面から飛んでくる黄砂の表面についている微生物を調べたところ、納豆菌の仲間の菌が付着していたという話もある。納豆菌は、空中をふわふわと浮遊しているのかもしれない。

京にはもうひとつの納豆がある。それが大徳寺納豆や一休寺《いっきゅうじ》納豆と呼ばれる食品である。

寺で作られるので、寺納豆などと呼ばれることもある。京都の「大徳寺」は北区にある臨済宗の禅寺で、寺にある二〇を超える塔頭のなかには寺独自の納豆を作るところもある。以前は、大徳寺以外のほかの禅寺でも作られていたというから、禅の修行の一環として各寺院で自家製造されていたのかもしれない。また、寺の御用達で大徳寺納豆を作る製造業者も、寺の周囲にいくつかある。なお静岡県浜松市《はままつ》の大福寺《だいふくじ》でも「浜（名）納豆」と呼ばれる商品を作っている。

寺納豆は、納豆となってはいるが、これらは納豆菌による納豆ではなく、蒸したダイズに麹菌をつけ、のち塩水につけてから乾燥させたものである（横山智《よこやまさとし》『納豆の起源』NHKブックス、二〇一四年）。大徳寺納豆は味噌よりもずっと硬く、色も真っ黒である。その意味では寺納豆は味噌、それも豆味噌に近い。あるいは、味噌の原型ともいえるのではないか。

大徳寺納豆を混ぜ込んだ和菓子もある。ずいぶんミスマッチにも思われるが、適度の塩味は甘さを引き立てるので、食べてみるとこれがおいしい（一八〇ページ）。

卵と鶏肉

京は、卵料理の多い街でもあるとわたしは思う。といっても家庭で調理されるそれではなく、中食、あるいは外食の料理が多い。その代表が「だし巻卵」であろうか。溶き卵にだし汁と塩を加え専用の卵焼き器を使って、強火の遠火で焦がさぬよう焼き上げる。砂糖は入っていないので、甘い卵焼きに慣れた人びとには物足りないようだが、反対に京都人には甘い卵焼きは受け入れがたい。

だし巻はいわゆる「おばんざい」のひとつでもあって、市場の総菜屋などでもおかれている。京の台所「錦市場」には、「田中鶏卵《たなかけいらん》」「三木鶏卵《みきけいらん》」という卵専門店が二軒あるほか、三〜四の総菜屋さんが販売している。

だし巻卵が市民権を得ているひとつの証左が、そこここの飲み屋の一品としてメニューにも載せられていることであろうか。あるいは、「だし巻定食」として定食の主菜にもなっている。だし巻は、サンドイッチにもなっている。パンの街らしい組み合わせだが、そもそもは、祇園の老舗喫茶店が半世紀ほど前に芸舞妓《げいまいこ》たちの小腹を満たすものとして考えたものらしい。

卵は、老舗料亭のメニューにもなっている。左京区の料亭「瓢亭《ひょうてい》」では「朝がゆ」に半熟のゆで卵を半分に切り、軽く塩をしたものが添えられる。また懐石料理の一品として同じものが添えられる。それを目当てに通う常連客がいるくらい有名な一品である。シンプルさのゆえ、よほど素材がよくなければ通用しない料理と思われる。

丼ものやうどんにも卵が使われる。木《こ》の葉丼《はどん》は大阪にもあるメニューだが内容は少し異なり、京都では、かまぼこや九条ネギなどを卵とじにしたものを飯の上に載せる。同じく衣笠丼は薄揚げを卵とじにしたもの。卵とじをうどんにかけたものもある。京都人がいう「けいらん」である。さらにその上からクズ餡をかけたものもあって、これは冬場の一品である。

京の街には、鶏専門店も多い。錦市場にも鶏や鴨だけを扱う店がある。トリが二本足でいわゆる「四つ足」でないことから穢れの対象とされず、忌避感がそれほど強くなかったことが、伝統的に鶏料理や卵料理を発達させた理由のひとつではないかと思われる（一一三ページ参照）。

採卵用にせよ肉用にせよ、飼育に要する面積は他の動物に比べ小さくて済む。画家伊藤若冲《いとうじゃくちゅう》が鶏の絵を描くのに庭先に何十羽もの鶏を飼って観察したというが（一八八ページ）、それも鶏ならではのことであった。なお、現代では、ニワトリの品種は肉用のそれと採卵用のそれとが区別されていて、卵をとる事業と肉をとる事業も分かれている。

お茶の京都

茶樹と茶葉の生産

京都の山の作物で忘れるわけにはゆかないのがチャである。京都府の南部の山城《やましろ》地域は日本を代表するチャの産地で、山麓から頂まで茶畑が広がる独特の景観がみられる。京都府も、南部の市町村を中心に、「宇治茶《うじちゃ》世界文化遺産登録」を目指す準備を進めている。この地域のチャの生産と生産地の景観を文化的価値と位置づけて保護しようというわけだ。

チャ（茶樹）はその学名をカメリア・シネンシス（*Camellia sinensis*）といい、原産地はインドシナ半島の山地部分にある。これを日本に持ち込んだのは八世紀の僧鑑真《がんじん》が最初ともいわれるが、詳しいことはわかっていない。このころのチャは葉を煮だした、いまでいう「漢方薬」

宇治の茶畑（写真・読売新聞社）

のようなものだったようで、消費はごく限られていた。その後、茶の文化はいったんすたれるが、一二世紀の末になって栄西が中国から新たにチャの種子を持ち込んだ。それがいまに伝わる茶となっているというわけだ。この時代にも茶葉は臼でひいて粉にし、薬としてごく限られた人びとに用いられていた。抹茶の原型だろうか。

　茶葉の生産は、はじめのうちは、都周辺で最初に栽培された栂尾《とがのお》など洛北《らくほく》が中心だったようだが、消費の拡大につれ、しだいに南部の宇治《うじ》が名声を博するようになる。そしていまでは、チャの主要産地は府の南部、和束町《わづかちょう》、南山城《みなみやましろ》村、宇治《うじ》田原町《たわらちょう》、京《きょう》田辺《たなべ》市、八幡《やわた》市などの「山城地区」から、滋賀県、三重県の一部を含む広い地域に及んでいる。栂尾は土地も狭くまた山深いが、宇治ならばチャ栽培に適した土地も十分で、また盆地にあって霧が発生しやすく、霜害を受けにくいなどの利点があった。

　茶の生産については先にも書いたように、京都がその中心地のひとつであった。もっとも茶葉の生産量からみると京都は全国六位（二七六四トン、二〇一八年、全国茶生産団体連合会調べ）で、一位、二位の静岡県や鹿児島県の一〇分の一にも及ばない。東の静岡、西の京都と呼ばれたのは今は昔である。

ところが、抹茶の素材である碾茶《てんちゃ》に絞ってみると、京都は一躍、日本一に躍り出る（八四〇トン、二〇一八年）。この量は、なんと、生産される茶葉の三分の一にあたる。また、全国の生産量三四六四トンの二五パーセント弱の量である。京都の茶の主力は、抹茶用の茶であるといってよい。

碾茶は、緑茶が収穫のあとに蒸して揉《も》むという工程を経るのにたいして、蒸したあとは乾燥させ、さらに茎などをきれいに取り除いて作られる。これを石臼で粉にひくと抹茶になる。また、栽培中に直射日光が新芽にあたらないように覆いをするなどの工程は、玉露《ぎょくろ》などの高級な蒸し茶と同様である。

茶は、茶葉という原料を生産すればそれで消費に回せるというものではなく、ポストハーベストの作業が長い。蒸したり、揉んだり、臼でひいたりという工程が加わる。そしてそれには蒸し器、臼などの道具や、これら道具のメンテナンス、さらに技術の不断の改良が欠かせない。同時に、これらの道具を作る職人、手入れをする職人、これらの道具を使って作業に携わる職人など、多種の作業にかかわる職人の存在が欠かせない。そして京都には、そうした道具や技術を集積してきた歴史がある。つまり茶の文化は、こうした一連の作業のトータルコーディネートなのだ。どれ一つが欠けても茶は完成しない。

京には、このポストハーベストからブレンディングまでの工程を一括してとりおこなう老舗が何店もある。これらの店舗と茶道の家元たちとの間には古くからの取引があり、代々受け継がれた品質が守り継がれている。茶の文化もまた、こうした人と人とのかかわりに支えられている。

このように眺めてみると、京の街が山に囲まれた盆地に立地したことの結果がみえてくる。京が、もし、江戸や大坂のように平野に立地した都市であったならば、このような山の食材に恵まれることはなかっただろう。他の大都市とは違った京の食文化の形成には、山が果たした役割がきわめて大きかったといってよい。そしてそのことは、あとに書く野菜についてもあてはまる。

茶文化の街、京都

抹茶の主たる消費はなんといっても茶道（さどう、ちゃどう）にかかわる行事であろう。とくに京都は、三つの千家（表千家《おもてせんけ》、裏千家、武者小路千家《むしゃこうじせんけ》）の本拠地がそろっていることもあって、その消費量は他の都市の追随を許さない。京都はやはり茶のメッカである。

中世も後期に入ると茶は京都で大ブレイクする。武家や、当時しだいに力をつけつつあった商人たちが目をつけたのである。さらに、茶は、寺とくに禅宗寺院との関係を深めていった。生活から無駄をそぎ落とす禅の思想にマッチした侘茶《わびちゃ》の思想が硬く結びついたのである。頓智《とんち》の一休《いっきゅう》さんで有名な一休宗純《いっきゅうそうじゅん》（一三九四～一四八一）に影響を強く受けたといわれる村田珠光《むらたじゅこう》（一四二三～一五〇二）は茶の湯を茶「道」にしたといわれる。またその影響を間接的に受けた武野紹鷗《たけのじょうおう》（一五〇二〜五五）は「茶禅一味」の思想を形にした。戦国時代、世界との貿易の窓口でもあった堺《さかい》の豪商たちが手を組んで、ときには武家の庇護《ひご》の下、茶の湯を文化として確立させていった。それらを集大成する形で登場したのが千利休《せんのりきゅう》（一五二二〜九一）。彼はやはり堺の豪商であったが、五〇歳を越えたころには信長に重用され、本能寺の変のあとは秀吉に仕えて、京都の禅寺のひとつ大徳寺に移り住んでいる。茶人としての利休の人生は、還暦のころから花咲いている。ずいぶんと遅咲きの人生だったわけだ。

このような歴史を背景に、ことのほか伝統を重んじるのが茶道の流儀だ。抹茶の品質にも、「いつもと変わらない」品質の安定性が求められる。いっぽう茶葉の質はその年の環境に大きく影響される。それを、異なる畑の茶葉を混ぜるという技術――それはブレンドの超絶技法というべきものだ――によってカバーし品質を一定に保つ。

最近、抹茶の消費動向に変化がみられる。和菓子や洋菓子に混ぜて使う。抹茶アイス、抹茶チョコレートなどというものもある。若い世代への働きかけということなのだろうか。昔からある宇治金時はかき氷の上に煮小豆や餡と抹茶のシロップをかけたもの。甘みと抹茶の「であいもの」で、さわやかな苦みのある抹茶と餡の相性が抜群である。それに、個性の強い他の生地と混ぜるわけだから、品質の安定性はそれほど重要ではない。

日々の暮らしの場でも、茶を飲む機会はぐんと減った。かつては、オフィスなどでも、会議の出席者に、あるいは来訪者にお茶を出すのが慣例であった。「あそこのお茶はおいしい」などという評価が普通に聞かれたほど、どこへいってもお茶が出た。しかしいまではこうした機会は激減した。

来訪者にはペットボトルの水を出し、内輪の会議ではそれすらもしないところが増えた。往訪時には、ペットボトルやマイボトルといわれる水筒を持参するのがいつのまにか常態になりつつある。外出時には、街かどの自販機やコンビニでペット入りの飲料を買うのが日常だという人もいる。そしてペット飲料の種類も多様化し、茶ではなく水や炭酸飲料の消費も増えている。

家庭でも、そもそもお茶を飲まなくなってきている。急須《きゅうす》など、ほとんど絶滅危惧種ではなかろうか。学校給食でも米飯給食は増えたのに、つけられる飲み物は牛乳だ。なぜご飯に牛乳なのだろうか。お茶にすればよいのに。いっとき、茶葉を小さな紙袋に入れたティーバッグが流行したが、いまはこれもすたれてきている。そして、こうした事情は京都も他の都市も何ら変わらない。

京の菓子

京の和菓子文化と和菓子店

和菓子とは何かを定義するのは簡単ではないが、その歴史は遠く古代の「唐菓子」にまでさかのぼるといわれる。それ以前は果物などであろうか。甘くはなかったといわれる唐菓子を別とすれば、菓子は甘みであったと考えるのがよい。甘みは糖質なので、飽食の現代を含め、魔力的な食べ物である。

京で菓子といえば、なんといっても和菓子であろう。和菓子について語れば、それだけで何冊もの本になるといわれる。ほんのさわりの部分だけを書いておきたい。京都人でない人に「京の和菓子は何か」と問うたとき、きっと名前が上るのが「八橋《やつはし》」なのだそうだ。一〇〇を超える老舗が、古いところでは江戸時代からこれを作り続けてきた。製法も味も微妙に違っていて、名称も八橋のほか、八ッ橋、八ツ橋、八つ橋などと表記される。

菓子店のなかには五〇〇年ほどの歴史を持つところもある。左京区の「川端道喜《かわばたどうき》」は店の記録によれば一五〇三年（文亀《ぶんき》三年）創業というから驚きである。店の一六代当主夫人の川端知《ち》嘉子《かこ》さんによれば「御朝物《おあさのもの》」といわれる天皇の朝食にあたる塩餡で包んだ球状の餅を、室町時代の後期から幕末まで三五〇年間にわたり、欠かすことなく各天皇に届け続けたという。御所には、そのための門が設けられ、「道喜門《どうきもん》」と名づけられていたという。

京都御所の建礼門（左）と道喜門（右隅）

烏丸三条下ル、六角堂《ろっかくどう》の西側に饅頭屋町《まんじゅうやちょう》という地名がある。記録によると応仁の乱のあと、そこにあった饅頭屋が繁盛したことにちなむもので一五世紀末の記録にその名がみえる。饅頭は、もともとは中国から来た林《りん》という人が中国の饅頭《マントウ》をもとに考案したもので、最初は奈良で店を開き、その子孫がのちに京でも店を開くようになったともいわれる。この饅頭屋さんは、八代室町将軍足利義政《よしまさ》から「日本第一番本饅頭所林氏塩瀬《しおせ》」の看板をもらったほどの人気店だったという。そしてその饅頭が、いま東京都中央区《ちゅうおう》の「塩瀬饅頭《しおせまんじゅう》」（商品名は「志ほせ饅頭」）の元祖なのだという。

京にはほかにも創業三〇〇年を超える店がいくつもある。市内には多数の和菓子店があるが、それらを整理してみると、餅屋の系統とお茶事にかかわる系統があるように思われる。

菓子店のなかには、御所や茶道家元の御用達として厚い庇護のもとに長い歴史を刻んできた店が多くある。神社仏閣との強いかかわりに支えられてきたところも多い。神社の門前菓子店には、たとえば今宮《いまみや》神社前の「かざりや」「一文字屋和輔《いちもんじやわすけ》」の二軒が作る「あぶり餅」、上賀茂神社前の「神馬堂《じんばどう》」「葵家《あおいや》」の二軒が作る「葵餅《あおいもち》」あるいは「焼きもち」、北野天満宮前の「天神堂《てんじんどう》」の「焼きもち」、下鴨神社前の「ゑびす屋加兵衛《やかへえ》」の「矢来餅《やらいもち》」などがある。餅や焼き餅が多いのは、餅が神饌として重要な役割を果たしているからだろう。なお、上賀茂神社の餅を「葵餅」と表現するのは、上賀茂神社、下鴨神社の祭が「葵祭《あおいまつり》」であり、両社の神紋がフタバアオイであることにちなむ。

寺院と深いかかわりを持つ菓匠もある。大徳寺の創建のころから大徳寺納豆を作り続けてきたといわれる「本家磯田《ほんけいそだ》」は、また菓匠でもあった。「松風《まつかぜ》」を代表菓に持つ亀屋陸奥《かめやむつ》は一四八三年（文明《ぶんめい》十五年）に本願寺《ほんがんじ》が山科《やましな》に移って以来御用達であるという。

上賀茂神社前の神馬堂（著者撮影）

江戸時代には、御所や有力社寺、大名たちとの関係で富を蓄えてきた富裕な商人たちの支えもあり、また学問所などの刺激もあって茶会などの総合芸術が花開いた。彼らもまた、菓子を会の素材として、あるいはひとつの芸術作品として、菓子を楽しんだのである。

京の街にこれほど多くの菓匠があり、共倒れすることなく続いてきた背景には、こうした文化があったのだ。

なお、菓子といえば、京都では和菓子、と思われようが、京には洋菓子店もあるし、クリスマスケーキで全国区となったケーキ屋さんもある。最近は、和洋折衷型の菓子が増えてきている。抹茶の産地であることを活かして、抹茶を加えた洋菓子が急に増えてきた印象を持つ。抹茶は粉末なので菓子の生地に混ぜ込むこともできる。抹茶を混ぜたチョコレート、アイスクリーム、焼き菓子、プリン、パフェなどが次々と登場してきている。

甘みは何から来たのか

ところで、甘みは何から供給されていたのか。日本で砂糖が本格的に使われるようになったのは一七世紀に入ってからのことで、一般庶民の手にも届き広く使われるようになったのは明治時代になってからのことである。それ以前には甘みは別なものから得られていた。それは、果物、はちみつ、あまずら煎《せん》、飴《あめ》、甘酒のようなものではなかったかと考えられる。あまずら煎はツタなどの植物の樹液を煮詰めたもので、一四九ページで『枕草子』の「あてなるもの」として触れたが、一般庶民には高嶺《たかね》の花であっただろう。

飴は、いまではオオムギを発芽させて作る「麦芽」あるいは「麦もやし」を原料とするもので、麦芽に含まれる酵素アミラーゼの力で麦のデンプンを糖に変えたものである。古い時代には米を発芽させて作った「米もやし」もあったはずだが、記録にはほとんど残っていないようだ。

いっぽう甘酒を使う手法もある。甘酒は麹菌のアミラーゼを使ってデンプンを糖に変えるものである。その意味で、甘酒は発酵食品である。京では室町時代には麹座ができていたから、このころには甘酒製造が産業化していた可能性は十分にある。

甘酒と同じ原理で作られるのが白味噌である（一五九ページ）。それはかつては甘みとして認識されてきたようで、たぶんそのために、花びら餅や「ふのやき」のような甘い食品が作られてきたのだろうとわたしは考えている。ふのやきとは、利休が発明したともいわれる食品で、熱した鉄板の上で小麦粉のクレープを焼き、白味噌を塗って筒状に丸めたものだったそうだ。いまはともにさまざまなバリエーションが生まれているが、ルーツは同じである。

麦芽や甘酒からできる糖はいずれの場合もブドウ糖か、ブドウ糖が二分子つながってできる麦芽糖である。麦芽糖は麦芽だけにあるわけではない。

素材という観点からみると、菓子はきわめてシンプルな料理であるとともに、米、豆という、和食の根幹をなす食材が使われてきた。素材はシンプルではあるが、同じ米でも、うるちの米である「新粉《しんこ》」など、あるいはもち米にも「白玉粉《しらたまこ》」や、蒸したもち米を乾燥させて砕いた寒《かん》梅粉《ばいこ》、道明寺粉のような多様性がある。豆も、ダイズならば煎って粉にした黄粉《きなこ》、アズキや手《て》亡豆《ぼうまめ》の餡などと、手の込んだ食品が多く使われている。和菓子は、素材だけをみてもそれ自体が文化なのである。

茶菓子

京は和菓子の街である。街を歩けばいたるところに和菓子屋がある。餅店、餅屋が菓子屋に転じた店、飴屋などなど。そして京では、茶事に関係する菓子屋がじつに多い。そう、和菓子とお茶とは切っても切れない関係にある。お茶のおともが菓子だと思っている人も多いと思うが、菓子に与えられた使命はそれだけではない。菓子には、茶会の客に主人のメッセージを伝える重要な使命を持っている。茶会など関係ないと思っている人も、四季折々の生菓子《なまがし》をみて季節を感じる人もいるだろうと思う。

京都は、千利休に端を発する三千家の本家がある茶事のメッカである。そしてその分、多くの歴史ある菓子屋さんが集まっている。菓子屋の看板はなんといっても主菓子《おもがし》である。茶の世界では、和菓子は、生菓子（これを主菓子とも呼んでいる）と干菓子《ひがし》に分けるのが普通だ。正式の茶事では、懐石のあと、ハイライトである主菓子が出て濃茶《こいちゃ》になり、次に干菓子が出て最後に薄茶が来るスタイルをとる。

菓子には、菓子の名前である「菓銘」がついている。そもそも茶会の場で供される菓子は、主催者である亭主がその会のメッセージを伝えるためのものであり、そのメッセージも、亭主がはっきり明言するとは限らない。招かれた客が、しつらえや菓子とその菓銘に込められたメッセージを読み取るのだ。だから菓子は一期一会なのだと、太田達さん（「老松」社長）はいっている。亭主のリクエストに応じて、菓匠たちが工夫を凝らして作り上げる。それらのなかには茶会記に残されたものもあるが、多くは二度と作られることはない。

菓匠たちが買い手を特定せず、季節の生菓子を作ることもある。それらのあるものは多くの菓匠たちに受け継がれ、工夫が積み重ねられて、その季節が来ると店頭に並ぶ。二月の梅、六月のあやめやかきつばた、一一月の菊などを表す菓子がそれである。それぞれの店が工夫を凝らし、色どり鮮やかで菓匠のセンスの光るものが多い。花を写実的に造作したものもあるが、色合い、質感などを抽象的に表現したものも多い。こうなれば立派な芸術作品である。消費者にはそこから菓匠たちの意図を読み取るセンスが求められる。

和食文化は、すでに述べたように葉で巻く文化でもある。菓子もそうで、季節ごと特徴のある葉を使って季節を表したものがたくさん創作されてきた。サクラの季節の桜葉を使った桜餅、五月の節供のころの柏餅、粽のササ、ヨシなどがその代表であろうか。

季節の行事やできごとをテーマにした菓子もある。三月の桃の節供の「ひちぎり」（口絵）。平たいよもぎ餅の上に餡をのせた生菓子で、その形は二枚貝を模したものともいわれる。六月末の夏越しの祓の「水無月」は、外郎の台の上に、甘く煮たアズキが載せられる。煮小豆は寒天で固められることもある。旧暦の中秋の名月には団子が供される。旧暦一〇月（猪の月）の猪の日には、亥の子餅を食べる習慣がある。無病息災を祈る目的のほか、イノシシは多産なので、それにあやかろうという意味もあったようだ。

このような和菓子の性格は、金沢や松江など、名だたる和菓子の産地でも同じである。とくに城下町の菓子はうまいといわれる。茶の文化と結びついているからだ。江戸時代、殿様が文化人であった藩では茶の湯が盛んになり、それに伴って和菓子の生産が盛んになった。舌の肥えた消費者が居並ぶ街はまた、各流派の歴代家元たちの活動の拠点でもあった。

菓子に限らず食は、食べてしまえばなくなってしまう、はかない文化なのだ。それにもかかわらず名品が残されてきた背景にある文化を味わいたい。

金平糖の製造工程（写真・緑寿庵清水）

砂糖渡来

和菓子を大きく作り替えたのが一七世紀ころの砂糖の普及である。砂糖は、ブドウ糖一分子と果糖一分子がつながってできた糖である。長崎に入った砂糖はその後まず大坂に運ばれたが、おそらくはほどなくして京都にも伝わったことだろう。それまでの甘みは、果物やはちみつを別とすれば米などの穀類からできていたので、味噌や酒同様、米がなければできない食品だった。いっぽう砂糖はというとサトウキビという植物から得られるもので、当時は一〇〇パーセント輸入品であった。砂糖の普及は、甘みの外部化であった。その後砂糖の国産化の動きもあり一八世紀末には白砂糖も作られるようになったが、消費のほとんどは輸入品であった。消費される砂糖の大半はいまなお輸入品で、日本社会は甘みの外部化から抜け出していない。

さて京にやってきた砂糖だが、八百《やお》啓介《けいすけ》さんによると一七世紀末の販売価格は一キログラムあたり一六〇〇円程度であった。現在白砂糖は一キログラムあたり三〇〇～四〇〇円前後なので、その五倍強ということになる。貴重品であったことは確かとしても「庶民には超高嶺の花で手が届かない」というほど高価ではなかったようだ。やがて砂糖は一般庶民の暮らしのなかに溶け込んでゆき、明治時代には消費は急拡大する。

京で砂糖菓子が花開いたのは、やはり職人たちの努力があってのことである。そのひとつが有平糖《あるへいとう》であった。もともとは南蛮菓子として一六世紀にポルトガルから伝えられたものだが、その後改良が加えられ、細かな細工が施された高級な菓子として、ひな祭りの際や茶席に出されていたという。

金平糖《こんぺいとう》もまた砂糖を主原料とする南蛮菓子のひとつで、核となるごく小さな粒子に、濃い糖《とう》蜜《みつ》をかけながら粒をしだいに大きくしてゆく。核には、当初はケシの種子が使われた。作業は熱した銅製の釜の上でおこなう（口絵）。京で金平糖を専門に作る「緑寿庵清水《りょくじゅあんしみず》」ではイラ粉と呼ばれる、蒸したもち米を砕いたうえ煎ったものを核に使う。なお、いまはイラ粉としてデンプン質を固めたものを使用している。完成には二週間かかるという。それだけに金平糖は京でも高級砂糖菓子の位置づけであった。大阪の企業がこの大量生産に成功したのは一九〇三年（明治三十六年）であったという（野村卓《のむらたく》、当時大阪糖菓社長）。

京の豆菓子

京都にも金平糖を作る店がいくつかあるが、そのいくつかで「五色豆《ごしきまめ》」が作られている。煎ったエンドウ豆に砂糖をまぶし、赤、緑、黄色、茶色、白の五色の色をつけたものである。製法としては金平糖のケシ粒の代わりに豆を使ったものという位置づけだろうか。これも大正時

式部（写真・本家磯田）

代までは宮中への献上品になるなど、高級な菓子と位置づけられていた。

五色豆と似た「蓬莱豆《ほうらいまめ》」という豆菓子が、節分のころ、御苑の東隣にある廬山寺《ろざんじ》で手に入る。五色豆よりはやや大きめで、色は紅白二色だけ。芯に使われるのは、鬼退治のダイズである。

そもそも豆は甘みによく合うのだろう。煎ったダイズを粉にした黄粉は和菓子原料の定番でもある。餅を黄粉でくるんだ「黄粉餅」を知らない人はいないだろう。「洲浜《すはま》」は黄粉と水あめを練り固めたもので、州浜団子などとして売られている。主菓子よりもずっと日持ちがする。これもまた広義には豆菓子と呼んでよいであろう。

少し変わったところでは、今宮神社（北区）の門前の「あぶり餅」（一七二ページ）である。小ぶりの餅に黄粉をまぶし、さらに焼いたのち白味噌だれをかけて食べる。ダイズづくしといったところだ。豆大福という、餅生地に煮た豆を加えた大福餅もある。枡形商店街入り口の「ふたば」（一〇〇ページ）のように赤エンドウを使うこともあるが、種皮の黒い黒ダイズを使うこともある。

京には豆を使った菓子――豆菓子――がまだほかにもたくさんある。その例をいくつか挙げれば、まず大徳寺納豆（一六二ページ）をあしらった干菓子を紹介したい。大徳寺の前にある

「本家磯田」には、塩辛い大徳寺納豆を粗く刻んで米粉や砂糖でできた落雁《らくがん》に混ぜ込んだ菓子「式部《しきぶ》」を出している。

これと似たものが、寺町御池にある「亀屋良永《かめやよしなが》」の「大原路《おおはらじ》」と銘打った干菓子である（口絵）。落雁の生地に、さまざまな色に着色された州浜を埋め込んだもので、季節に応じた八種がある。

「真盛豆《しんせいまめ》」は、西陣の「金谷正廣《かなやまさひろ》」が作る半生菓子で、煎った黒豆を州浜で包み、さらに青のりをまぶしたもの。利休のころからの菓子とも言い伝えられ、それが事実なら五〇〇年もの歴史を持つ古い菓子ということになる。当時のそれは黄粉に塩を加えたものを使っていたようで甘くなかったと思われるが、いまのそれは甘い。

利休の茶菓子といえば先に書いた「ふのやき」に触れないわけにはゆかない。これは白味噌の甘みを利用したもので味噌の菓子、これも広い意味では豆の菓子ということになる。

そして豆を使った菓子といえば、やはりなんといっても餡である。アズキの餡である「小倉《おぐら》餡《あん》」については次に書くが、餡になる豆はアズキばかりではない。エンドウを使ったものは「鶯餡」になるし、また「手亡《てぼう》」と呼ばれるインゲンの仲間の白い豆や白アズキと呼ばれる豆で作れば白い餡になる。

餡と小倉餡

餡は多くの場合、菓子のなかに包み込まれている。楊枝《ようじ》で切ってみてはじめてなかの餡がわかる。予想どおりの色の餡のこともあれば、よい意味で期待が裏切られる色の餡が出てくるときもある。また、柏餅のように餡の一部が「チラ見え」していたり、求肥《ぎゅうひ》を通して色が透けてみえたりするのも楽しい。

和菓子の街だけのことはあって、京都には餡を作る店が多くある。もちろん自分で餡を作る和菓子店、餅屋もあるが、小さな菓匠にはここに餡の製造を依頼しているところも多い。むろん店や商品によって餡の性質は変わるので生産は受注生産のようなものである。

餡を使う和菓子は多岐に及ぶ。茶席で使われる主菓子はもちろん、最中《もなか》、あんみつ、麩饅《ふまん》頭《じゅう》、餡餅、おはぎやぼたもち、団子、饅頭、などなど。これらに使われる餡にはそれぞれ特徴がある。たとえば麩饅頭の餡はだいたいが水分を多く含み、どろどろの形状をしていて、食べるとき弾力のある生麩から餡がこぼれないよう注意が要る。

こし餡、粒餡の区別もある。粒餡とは、アズキの皮が破れないようによく煮詰めて砂糖などの甘みを加えたものをいう。こし餡は、柔らかく煮たアズキを布で漉して皮などを取り除き、得られた汁を煮詰めたものをいう。それぞれに用途が異なり、また好みも人それぞれだが、作るのに手間暇のかかる食品のひとつである。

粒餡を小倉餡と呼ぶことがある。京都で小倉餡と呼ばれるようになったことには砂糖の普及が関係しているようで、だとすれば甘い餡のおこりは中世末ころのことになる。小倉餡の発祥はいつのことだろうか。京都市右京区の小倉山のふもとにある天台宗の寺院「二尊院」の境内にある「小倉餡発祥地」の碑には、そのおこりが九世紀にまでさかのぼると書かれている。碑の建立は二〇〇五年（平成十七年）三月。建てたのは市内で銘菓「八ッ橋」を作る店のひとつ「井筒《いづつ》八ッ橋」の第六代目社長津田佐兵衛《つださへえ》氏である。二尊院から南に歩いて数分のところには、京都市が管理している畑があって、そこでNPOが大納言《だいなごん》という品種のアズキを栽培している。大納言アズキで作った餡を残すための取り組みである。

小倉餡のおこりにはもうひとつ説がある。「小倉野《おぐらの》」という生菓子がある。餡玉、または求肥でくるんだ餡玉の周囲に蜜で煮たアズキなどをびっしりと張り付けたものだ（虎屋《とらや》ウェブサイトなどによる）。

餡と煮小豆が混ざるわけで、それが「小倉餡」の名の由来になったということだろう。ただし、小倉野の名前の由来がシカの斑点《はんてん》（鹿の子《かこ》）に似ていることにあるのだとすれば、やはりそれは小倉という地名に関連があるということになりそうだ。というのも、古代から中世の京にあっては、シカといえば小倉山の代名詞であった。

小倉山峰たちならし鳴く鹿の経にけむ秋を知る人ぞなき　紀貫之《きのつらゆき》

奥山に紅葉踏みわけ鳴く鹿の声聞く時ぞ秋は悲しき

猿丸太夫《さるまるだゆう》

猿丸太夫のこの歌の舞台は「奥山」であるが、この歌は小倉百人一首にも選ばれた名歌で、シカと小倉山は密接な関係にあったことがわかる。百人一首を選んだ藤原定家《ふじわらのさだいえ》の庵《いおり》も、小倉山の山中にあった。どちらの説も根拠となる記録に乏しく、本当のところはわからない。

なお、餡の原料となるアズキもいまは大半が輸入されているが、一部では北海道産のアズキが使われている。京都にも、規模も小さいながら産地があり、そこでは「大納言」という品種が栽培されている。それらは「丹波大納言」という名で流通しているが、丹波大納言のなかでも亀岡市馬路《うまじ》地区で生産されるアズキは「馬路大納言」と呼ばれ名品とされる。

第4章　京の求心力と京ブランド

京の料理店

京の名前がブランド

土産物店や物産店に行くと、商品名のあたまに「京」の一文字をつけた商品がじつに多い。京扇子、京焼、京野菜、京つけもの、などなど。街に出れば京料理、京会席あるいは京懐石などの看板もよくみかける。最近では、京洋菓子の看板を出す店も現れた。京町屋、京間などというのもある。京間とは、建物の寸法の規格のひとつで、京都はじめ関西のそれは、東京などのそれよりも少し長い。つまり同じ六畳間でも、京都のそれは東京のそれより広い。

京間は別として、多くは、京の一文字を冠することによって、品質が高いこと、長い歴史を持つこと、などを暗黙のうちに謳《うた》っているように思う。つまり「京」の一文字は、それだけでブランドになっている。漢字一文字というコンパクトさ、語呂《ごろ》のよさ、それに何より「一一〇〇年の都」という言説。そしてその実力。「一一〇〇年の歴史」に関しては歴史学者からは一言あるかもしれないが、問題はその言説の真偽、当不当にあるのではない。その語が、納得をもって受け入れられているかどうかであり、それだけの実力が街にあるかどうかなのだ。そしてその実力のゆえに、京都ぎらいの人たちでさえ、京を認めないわけにはゆかなかった。

地名を冠することで付加価値がつくものはいろいろある。一六ページに書いた「グジ」（アマダイ）も、京都府下や若狭の港に上がれば高い値がつくが、もしこれが近県の港に水揚げされれば値は下がってしまう時代があった。もちろん、水揚げされた港での処理の良し悪しが品質を決めることもあるかもしれないが、伝統的には大きいのはやはり名前である。同じ豊後《ぶんご》水道のサバが、大分市の佐賀関《さがのせき》に上がれば「関《せき》サバ」として高い値がつくが、対岸の愛媛側に上がれば安くなるという話も過去にはあった。ブランドは、ばかにできないのである。

京の名がブランドになるとなれば、それにあやかろうという動きも出てくる。京なんとか、が雪だるま式に増えてゆく。雨後のタケノコのように出現した「京なんとか」のなかに、そうしたあやかりものがないとは正直いえない。そして「京料理」「京懐石」にもそのことがいえる。

京の街でみかける「京料理」「京懐石」の看板は京都人向けの看板ではない。それはそうだろう。なぜなら、京都人が自らの料理にわざわざ「京」の一文字を冠するとは考えにくいからだ。「おでん」は関西では関東炊《かんとだ》きだと一五九ページに書いたが、関東の人がそういうことはまずない。「薩摩揚《さつまあ》げ」といえば鹿児島のつけ揚げ、あるいは天ぷらをいうが、それは鹿児島人の言い方ではない。それらと同じことである。

京料理は、明らかに、よそから来る人を意識してつけられた名前である。言葉を換えれば、このあたりが京都人のうまさということになる。

料理店の文化

料理を提供する店――それが料理店である。料理屋とも、あるいはしつらえなどによって料亭という言い方をすることもある。和食の世界では京の料理店の実力には確固たるものがある。このことは多くの人が認めることだろう。そして京料理のブランドの地位を確固たるものにしたのも、この京の料理店であり、その背景にある伊藤若冲や琳派《りんぱ》の芸術であり、庖丁技や串打ちなどの技術の体系、そして長い歴史を通じて蓄積された「精進料理」などの思想を含む知の体系ということになるのだろうか。この「知」「藝《げい》」「技」の三者は人類が発明した精神の営みの骨格をなしている。
琳派は、中世末期に京都の尾形光琳《おがたこうりん》などによって完成された芸術の流派で、『世界大百科事典第二版』には、（1）基盤としてのやまと絵の伝統、（2）豊饒《ほうじょう》な装飾性、（3）絵画を中心として書や諸工芸をも包括する総合性、（4）家系による継承ではなく私淑による断続的継承、の四点がその性質として挙げられている。また、琳派の祖の一人ともされる本阿弥光悦《ほんあみこうえつ》は、書家でもありまた陶芸や漆工の分野でもすぐれた作品を遺《のこ》した。彼らの作品は老舗の料亭の客間のしつらえにもなり、また陶芸品の一部は現役の食器として使われたり茶事で使われたりもしていて、これらが料亭文化の重要な要素になっている。

また、同じく江戸時代の京都で活躍した画家伊藤若冲も町人の生まれ、それも錦市場の青物問屋（青物屋はいまでいう八百屋）の店主を務めていたという人物である。このことが彼の野菜の観察眼を養ったのであろうか。加えて彼は、ニワトリの絵を何枚も残しているが、その動きや身体の構造を詳しく知るために庭に数十羽を飼って観察したと伝えられる（辻惟雄《つじのぶお》『奇想の

伊藤若冲「果蔬涅槃図」（京都国立博物館蔵）

図譜　からくり・若冲・かざり』平凡社、一九八九年）。

「菜虫譜《さいちゅうふ》」「動植綵絵《どうしょくさいえ》」や、晩年の墨絵「果蔬涅槃図《かそねはんず》」には、さまざまな野菜が登場し、しかもそのなかにはいまの「京野菜」に通じるもの、あるいは柑橘の変わりもの「仏手柑《ぶっしゅかん》」や、すでに絶滅してしまった「東寺《とうじ》まくわ」、あるいは何を描いたのかがわからないものなどもある。涅槃図《ねはんず》からは、京にあった果蔬の歴史やその盛衰を読み取ることができるだけでなく、街にこれら野菜を識別し、楽しむ文化があったことが知れる。ここには「知」と「藝」の見事な調和をみることができる（狩野博幸《かのひろゆき》『目をみはる伊藤若冲の「動植綵絵」』初版第五刷、小学館、二〇〇二年）。

京料理の技といえばやはり庖丁の技を第一に挙げたい。庖丁の技の一番のものはやはり鱧の小骨を断ち切る骨切りであろう（六ページ）。皮一枚を残して、一寸（三・〇三センチ）に二四本以上庖丁目を入れる技の習得には長い時間を要する。いまではネット上にもその方法がこと細かに描かれている。「桂剝《かつらむ》き」も庖丁技の基本とされている。庖丁技など全国そう変わるまいと思われるかもしれないが、同じプロの料理人であっても技術の高低にはやはり歴然とした地域差があるらしい。たとえば、鱧の骨切りは、やはり京・大阪の職人の技術力は他地域に比べ高かったようだ。

技と不可分なのが道具である。先に挙げた庖丁でいえば、京都には中世以降はたたらによる出雲《いずも》の玉鋼《たまはがね》が運ばれそれが刀鍛冶《かたなかじ》（鍛冶師）の職人を支えていた。研ぎにかかせない砥石《といし》は市北部の鳴滝《なるたき》で産したし、また丹波地方はマツなどカロリーの高い樹種でできた木炭の産地であった。日本刀と庖丁とでは両刃と片刃の違いがあり両者の起源を同じとみることはできないようだが、それでも、鋭い切れ味を生むものの脆《もろ》くて折れやすい鋼と、粘りがある軟鉄を合わせる技を用いる点では共通である。

料理店の「知」についてはいうまでもないであろう。長い時間、いくつもの世代を越えて蓄積された知は、ときには一子相伝の形で、ときには親方―弟子の形で継承されてきた。そして、これら京料理を総合的に表現する場が料亭や料理屋である。これらの要素を組み合わせて一つの作品にする総合力が料理人の力なのだ。

客が決める料理店の水準

京の街にはたくさんの料理店がある。とくに左京区から東山区にかけての東山山麓でその密度が高い。そのうちのいくつかは世紀をはるかに超える長い歴史を持っている。「菊乃井《きくのい》」(東山区)のように世界中にリピーターを持っている店もある。

いまでは、こうした店を日常的に利用する人は減りつつある。食が簡素化しつつある現代、とくに時間的、経済的ゆとりがなくなり、料理屋になど行ったこともない若い人が増えているし、料理屋の将来には興味のない人も決して少なくはない。その未来など自分たちには無関係と考える若者もたくさんいる。このことは京都も例外ではない。

けれども、こうした風潮は京の食の水準を確実に低下させるだろう。いろいろな国のいろいろな街を訪れて感じるのは、食べることが楽しくなる街とそうでない街があることだ。パリはやはり前者の代表で、街かどの小さな店の構えをみて歩くだけでも楽しめる。あるいは、それほど高くもないホテルの簡素な朝食に出てくるクロワッサンでさえうまいところが多い。今夜はどこで何を食べようかと考えるのが楽しくなる街でもある。みていると、パリの人びとは食べることにおしみなく時間とエネルギーを使っているように感じられる。

タイでは、タイ風のチャーハンがどこで食ってもうまい。同じくタイを含むインドシナでは米の麺を使ったスープヌードルが屋台の朝食の定番メニューで、これもどこで食べてもおいしい。とびきり、というのもないが、はずれがないのだ。わたしたちがイネの調査でタイに滞在していたときは、研究班のなかでは、いつのまにか朝は屋台の麺、昼はチャーハンという形が出来上がってしまった。

いっぽう、幾度通っても印象の残らない街も、国の内外を問わず存在する。目立った特徴がない、外食店はチェーン店ばかり、飲み屋はあるけれども、ちゃんと食べる店がない、などなどである。両者の間にはいったいどのような違いがあるのだろうか。その答えのひとつは、おそらく、店側ばかりでなく食べる側の姿勢にある。むろん店側の責任は大きいと思うが、街のブランド力を鍛えてこなかったという意味では消費者を含む地域社会にも責任はある。食の文化やその質を決めるのは少数の誰かではなくその地域のみんななのだ、ということだろう。

料理店の実力を支えているのはくり返しその店を訪ねる常連の客たちである。常連客が遠慮なく店に注文をつけ、店側がそれを入れて問題点を改善していると、店のおもてなしは洗練されて味もよくなる。反対に常連客が何もいわないと、あるいは常連客のレベルが低いと、店側は研鑽《けんさん》を積まなくなって質が低下する。要するに、ある街の飲食店のレベルは、店と客との相互作用によって決まる、ということになる。

京の街は、「板前割烹《かっぽう》」という、カウンターを挟んで客と料理人が対面する形式の料理屋が生まれた土地でもある。森川栄《もりかわさかえ》さんが一九二七年（昭和二年）に開業した「浜作《はまさく》」という店がそれで、その後このスタイルは東京や大阪でも急速に普及した。料理人が奥にいる料亭のスタイルでは、客との間に対話は生まれない。「板前割烹」の店では、客は料理人が目の前で調理するのをみながら、料理人と、または客同士で会話しながら食事する。「浜作」はその後著名な文人や芸術家が集まるサロンの様相を呈したという。客たちは舌の肥えた著名人たち。彼らの評価は、店の力を否《いや》が応《おう》でも鍛えたのだ。

なお、京で最初の中国料理店「ハマムラ」の開店が一九二三年（大正十二年、一一三ページ）。また、喫茶店進々堂（いまの進々堂京大北門前店）の開店が一九三〇年のこと（一〇六ページ）。一九二〇～三〇年は大正デモクラシーという自由の気風が育つ時代であったが、京でもこの時期、新しい食文化が次々と生まれていたということだろうか。京は、この意味でも、進取の気質に富んだ街であった。

残念ながら最近、京都では一部の店は以前に比べて、味もサービスも低下してきているように思われる。ずいぶんと失礼ではないかとご立腹の方もおられようが、少しの間矛を収めてお読みいただきたい。二〇二〇年（令和二年）のコロナ禍以前から京都を訪れる外国人の数はうなぎのぼりに増えていた。その総数からいえば東京や大阪にははるかに及ばないのだが、なにしろ京の街は狭い。大勢の人が来るとすぐに飽和してしまう。JR京都駅前の飲食店など、いつ行っても人でごった返し、しかもその多くが外国人だった。よくいえばそれはグローバル化の一面なのだろうが、悪くいえばそれは文化喪失をもたらした。

それに、料亭が減って食材を集めなくなれば、質の高い食材が京の街からは姿を消してしまうだろう。それは市場などで「目利き」をしてきたプロを消し、ひいては提供される食材の質全体を下げてしまう恐れがある。

くり返しになるが、ある街の食の実力を決めているのは、その街の消費者である。京の場合は訪問客が加わるが、それも含めて消費者の実力である。常連たちが疎遠になれば、店の力は確実に落ちてゆく。回り回って食材の質もしだいに下がってゆく。力をつけるには長い時間と努力が必要だが、転落するのはすぐである。

鯖街道

京の海魚

京都市には海がない。長く日本人のタンパク源であった魚を、市内の京都人はどのように手に入れていたのだろうか。先の鱧のほかにも、京都の魚を特徴づけるものが三つある。そのひとつが川魚で、これについてはすでに書いた。

もうひとつのジャンルが保存食品としての海の魚である。市内で年配の人に「京の伝統料理は何か」と聞くときっと名前が挙がるのが「芋棒」と「にしんそば」である。聞きなれない名前だという方も多いだろうから簡単に説明しておきたい。

まず芋棒。これはエビイモという、サトイモの仲間のイモと棒鱈を甘辛く炊き合わせた冬の定番料理である。すでに述べたように、これを専門に出すその名も「いもぼう」の語を冠した店もあるくらいで、芋棒は知る人ぞ知る一品である。ここで使われる棒鱈とは、マダラの頭《かしら》やワタなどを取ったあと茹でて寒風でひと月以上も乾燥させた保存食品である。完成品は叩《たた》くとカンカンと高い音がするほどに硬く身がしまっている。これを水で戻し適当なサイズに切ってエビイモとともに甘辛く煮たものが「芋棒」で、作るにはなかなかに手のかかる一品である。

棒鱈は、京都を含む関西では正月料理には欠かせない。その煮物は芋棒同様、よく水で戻してから甘辛く煮つけたもので、「おせち」には必ずこれがついてくる。だから、年末の錦市場の乾物屋の店頭には、かちかちになった棒鱈が山と積まれるのである。

次ににしんそば。漢字で書けば鰊蕎麦である。かけ蕎麦の上に、身欠き鰊を甘辛く炊いたものが載る一品で、これもまた京の冬を代表する伝統食である。ニシンも冬を代表する魚のひとつで、かつては北海道から東北沖の日本海でよく獲れた。これを水揚げした浜で捌《さば》き、身の部分をいぶして寒風にさらして作った保存食である。「みがき」とは、諸説あるようだが一説には「身欠き」、三枚におろして腹側の小骨を取ったもの、ということのようである。

棒鱈にせよ身欠き鰊にせよ、どちらも冬の日本海で獲れた魚の加工品である。これらは北前《きたまえ》航路を経て若狭へ、そしてそこから次に書く「鯖街道」を経て京へと運ばれた。棒鱈も身欠き鰊も、京都だけでなく、日本海側のあちこちの都市で消費されてきたのだが、京都の場合、人口が多く消費量が多いのと、最近の食ブームに乗って全国に発信されたことが大きい。この意味でも「京の求心力」が大きく作用している。

棒鱈は京都に限らず大阪でも盛んに食される。だから棒鱈を京都の料理と書くのは正しくない。とすれば、棒鱈は、魚資源に乏しかった京の食文化というわけでは必ずしもなさそうだ。五ページに書いた鱧同様大阪にもあるのだから、棒鱈はうまい食材でそのうえ保存が利くので京にも持ち込まれたと考えるべきだろう。

グジもまた、京都の海魚を代表するものだ（一六ページ）。東京などでグジといっても専門家以外ほとんど通じないが、アマダイのこと。しかし京ではアマダイというと「それはどんなタイか」と問われるのがおちである。港に上がったグジは一塩されて京に運ばれる。冷蔵技術と輸送方法が進歩したいまでは生のままのグジが手に入るが、昔は一塩したグジが料亭の焼き物に使われた。これも、塩加減のよいものは何ものにも代えがたく美味である。

塩鯖と鯖寿司

京の魚でもうひとつ忘れてならないのが「塩鯖《しおさば》」である。これまた京の求心力のなせるわざであった。サバはほぼ年間を通じて獲れる魚で、かつてはアジ、サンマやイワシなどとともに「青魚」の仲間に入る大衆魚であった。とくに日本海側ではよく獲れ、よく食べられた魚のひとつだったのだ。しかしこれら大衆魚が、いまでは値も高く決して大衆魚ではなくなってしまったのは残念である。

サバは身に脂肪分を多く含み、傷みやすいので保存には適さないように思われがちである。ところが獲れたてのサバの頭を取りワタを抜いて塩をすると、少しは保存が利く。若狭湾から山陰沖で獲れたサバに軽く塩をしたものを京都に運んできたのが塩鯖である。

塩鯖を運ぶ道を「鯖街道」といった。街道とはいうものの、一本の明確な道路があるわけではない。シルクロードと同じように、あくまで仮想上の経路である。若狭湾に面する敦賀か小《お》浜《ばま》の港に上がったサバはそこで処理されたうえで塩をされ、山を越えていったん滋賀県に入る。

そこから再び峠を越えて京都市左京区に入り、大原を通って高野川沿いに南下する。あるいは琵琶湖に入り大津から逢坂山《おうさかやま》を越えて市内に入る。距離はどちらも一八里（約七二キロメートル）ほどという。

いづうの「鯖姿寿司」（写真・いづう）

大阪に達する鯖街道もあった。こちらは、たとえば兵庫県香住《かすみ》（現美方《みかた》郡香美町《かみちょう》）や竹野《たけの》（現豊岡市）の漁港に水揚げされたサバが大阪に運ばれたのである。

この塩鯖を使った寿司が「鯖寿司」である。サバの身を三枚におろして成形し、軽く酢でしめたものを酢飯の上に載せて作る。店によっては、サバの上に薄い酢昆布を載せることもある。形はいろいろだ。多くは図のように、サバの身の形に合わせた山形をしていて、食べるときはこれを二〜三センチ幅に切って食べる。山形にせずに四角く成型したものもある。

祇園の寿司店の老舗「いづう」の佐々木勝悟さんによると、祇園では鯖寿司は一種の「ハレ」の日の食で、お茶屋が宴席で客にふるまったという。「いづう」の鯖姿寿司は古伊万里《こいまり》の皿に盛り付けられ、輪島塗《わじまぬり》のおかもちに入れて届けられた。それはいまでいう「出前」の一品であった。

和歌山県の紀《き》ノ川《かわ》流域から奈良県にかけての地域では、鯖寿司を柿の葉で巻いた柿の葉寿司が知られる。いま市販されている柿の葉寿司は四角いすし飯の上にあらかじめ切っておいた「きずし」(サバの身を酢でしめたもの)を載せたものだが、形としては、鯖寿司の切り身を柿の葉で巻いたものといえる。

なお、奈良には、この柿の葉寿司とは異なる鯖街道があったようだ。この街道は熊野灘《くまのなだ》に面する三重県紀伊長島《きいながしま》で上げられた鯖が旧熊野街道、伊勢《いせ》街道を経ていまの宇陀《うだ》市に達するものである。この街道はいまではまったくすたれてしまったが、宇陀は古くから奈良と東国を結ぶ交通の要衝でもあり、また室生寺《むろうじ》など古刹も多く存在する。

鯖街道に限らず、古代からの道は山のなかを通るものが多い。現代人の感覚からは山中の道など交通の便としてはいかにも悪そうにみえるが、案外そうではなかったらしい。現在の主要道路や自動車道は、急傾斜とカーブを嫌い、街と街のあいだを最短コースで結んでいる。けれどもそれ以前の時代、陸上輸送のかなめは牛馬であった。そしてその牛馬にとって、平野部は低湿地が多くかえって歩きにくかった。

昆布の道と北前船

一八七二年(明治五年)創業の福井県敦賀市の昆布商「奥井海正堂《おくいかいせいどう》」のご主人、奥井隆《たかし》さんは、「昆布以前と昆布以後とでは味覚の歴史は大きく変わったかと思われる」との司馬遼太郎《しばりょうたろう》の小説の一節を引用して、昆布が京の食に果たした役割の大きさに触れている。その「以前」

を形づくってきた。

「以後」の境目になったのは、たぶん室町時代。そしてそれ以後、昆布は、京を含む関西の食

『海藻』（法政大学出版局、一九七四年）を著した宮下章《みやしたあきら》さんによれば、当時京都では昆布は「宇賀《うが》昆布」と呼ばれていた。北海道を出た船は、昆布を東北から北陸のいくつかの街で少しずつおろしながら、最終的には福井県の小浜や敦賀で大量に荷下ろしをしていた。運んでいたのは、富山あたりの商人たちだったようだ。富山はいまも昆布の消費量でトップクラスにあるが、それも当時の名残りであるらしい。

この航路は近世に入ると、北前航路として整備される。航路を開いたのは河村瑞賢《かわむらずいけん》（一六一八〜九九）。最初は、庄内《しょうない》あたりの米を上方に運ぶために開かれた航路だった。昆布は、その船に乗ったのである。北前航路はやがて若狭から下関《しものせき》を通って瀬戸内海《せとないかい》に入り大坂に達するようになった。しかし、昆布の一部は敦賀で下ろされ、ここで加工されて京都に運ばれた。

京都では、昆布は「よろこぶ」といって語呂もよく、結び昆布などとして慶事にも使われた。昆布は菓子にも使われた。おぼろ昆布やとろろ昆布を削り取ったあとの芯を甘く煮たのだという。昆布と菓子はどうもつながらないように思われるが、青森には「昆布羊羹《ようかん》」という羊羹がある。普通の羊羹に昆布の粉を混ぜたもので、昆布の香りがする。

都たる京の街には、昆布だしを受け入れる素地がもうひとつあった。京が寺の街であったことである。宇賀昆布は、寺院などで汁物の具として使われていたという。京都の寺には臨済宗

など禅宗寺院（禅寺）も多い。禅寺では精進料理がしばしば用意される。精進料理では魚も忌避されるから、鰹節も煮干しも使えない。だしには昆布や干しシイタケなどの植物性の素材が使われた。

いまでは京でも、かつおだしが使われる。ただし東京のように鰹節を単体で使うのではなく、昆布とあわせて使うことが圧倒的に多い。このようなだしを「あわせだし」と呼んでいる。京都人にいわせれば、あわせだしの妙味は一種の「であいもん」なのだ。

京都市内の学校では、あわせだしのうまみを体験する授業がおこなわれている。和食の料理人などで組織する「日本料理アカデミー」がボランティアで取り組むプロジェクトで、子どもに対するだしの啓発をねらいとしている。どんなものかと興味を持っていたところ、アカデミーの理事長で「菊乃井」主人の村田吉弘《むらたよしひろ》さん（文化功労者）が、京都府立大学和食文化学科の学生相手に同じ授業をしてくださった。学生たちはまず、昆布だしを口に含みそのうまみを感じる。ほのかなうまみが口内にやさしく広がる。次に、薄く削った鰹節を一枚舌の上に載せてその状態で昆布だしを口に含む。するとどうだろう。今度は濃いうまみがぱっと口内に広がるとともに芳醇《ほうじゅん》な香りが鼻腔に広がった。学生の間からどよめきがおこった。

京野菜というブランド

京野菜とは？

「京野菜」の名は全国的に有名である。東京に住んでいたとき、あるデパートの食料品売り場に「京野菜」コーナーがあって、そこで九条ネギが三本入った一袋が五〇〇〇円で売られているのをみて驚いたことがある。わたしは売り場の店員に訊《き》いてみた。なぜこれだけの値がするのかと。するとその店員は悪びれた様子もなく、「本場京都産の京野菜ですから」と答えたのだった。

その年はたしかにネギは不作で高かったが、京都市内の八百屋の店頭では同じようなものが二〇〇〇円足らずで売られていた。なるほど、京都ブランド、京野菜の名はここまで知れ渡っているのかと、わたしは妙に納得したのだった。むろんわたしがそのネギを買うことはなかった。

ところで京野菜に明確な定義はない。京都府が一九八八年（昭和六十三年）に「京の伝統野菜」を三七品目（これに準ずるものとして他に三品目）決めているが、選定の基準は、（１）明治以前に導入されたもの、（２）京都府内全域が対象、（３）たけのこを含む、（４）キノコ、シダを除く、そして（５）栽培または保存されているもの、および絶滅した品種を含む、という五つで、定義というにはやや具体性に欠ける。

「京野菜」がいまの地位を獲得した背景に、長い歴史とそれに裏打ちされた品質を持つことは確かである。たとえば「郡《こおり》ダイコン」はすでにその姿を消してしまったが、過去には代々宮中に献上されていた記録が残されている。有名社寺のなかには専属の農家を雇い特定の野菜などを栽培させることもあった。上賀茂神社（北区）のスグキ菜ももとはそうであったし、青蓮院《しょうれんいん》（東山区）のエビイモもそうであると伝わる。エビイモはサトイモの一種で、やや細長でエビの体節のような節の部分がみえるのでこの名がある。丸形の親芋に比べると粘りは弱いが舌触りはなめらかである。けれども、京野菜がその実力を発揮するに至った理由はまだほかにもある。

京野菜、市民権を得る

「京野菜」が広く認知され、その価値が理解されるようになったのは、長くみつもってもここ四〇～五〇年のことである。おそらく一九七〇年代ころまで、市中のごく普通の京都人にとっては、野菜は近在の店で、あるいは振り売りの農家から買うものにすぎなかった。市街地の北部の住人が手に入れるのは、上賀茂、修学院《しゅうがくいん》や、遠いところでは大原などの野菜が中心であったし、南部の人たちには吉祥院《きっしょういん》、上鳥羽《かみとば》、伏見などの野菜しか手に入らなかった。いまでこそ「上賀茂といえば賀茂ナス」ではあるが、当時の北部の市民にとっては賀茂ナスがナスであった。いっぽう南部の市民はその存在など知りようもなかった。

一九七〇年代に入り、交通が発達し、また流通が盛んになると、全国各地で大量に生産された安価な野菜が出回るようになる。いっぽう、京の野菜たちも少しずつではあるが市中全域に出回ることになった。京都人たちはこの時点ではじめて京野菜の全容を知ったともいえる。いっぽう、このころから旬の喪失が目立つようになってくる。トマト、タマネギ、キュウリなど定番の野菜は大規模に生産される産地の大量生産品が安く出回るようになった。生産性が低く大量に生産ができない京野菜はしだいに衰退していった。

他方で、京野菜の実力を認め、守ろうとした人びとがいた。その中心にいたのが農学者の高《たか》嶋《しま》四《し》郎《ろう》（一九一七～二〇〇三）という人であった。

高嶋さんには古文書を読む素養があった。だからこそ野菜の歴史をひもとくことができたが、その力をもって京野菜の来歴、起源を次々と明らかにしていった。それは大学の先輩である菊《き》池《ち》秋《あき》雄《お》氏に師事したことによるところが大きい。昔の教授たちのなかには、理系の専門家であっても古文書を読み解くことができる人たちがいた。それが教授としての素養、教養だったのであろう。

高嶋四郎氏（1917～2003）（写真・藤目幸擴）

高嶋さんは京都府立大学農学部で教育と研究にあたるかたわら、多くの野菜生産者や料理屋の主人や女将たちとも交わり、京野菜の質を高めていった。つまり消費者と生産者をつなぐ役割を果たしたのである。その意味で、高嶋さんは京野菜の育ての親であったといって過言ではない。高嶋さんと料亭の料理人や女将との交流は一九六〇年代なかごろから始まった。詳細は次項に書くが交流は生涯続き、それによって、市内を含む府下各地で産する野菜たちの名がしだいに知られるようになっていった。同時にまた、野菜農家などを集めて研究会を組織し、品評会を定期的に開くなどして農家の技術の底上げを図った。高嶋さんの活動の全容を知ることはいまとなっては困難である。京都府立植物園で園芸指導をしている藤目《ふじめ》幸擴《ゆきひろ》さん（府立大学名誉教授）によれば、高嶋さんの活動を知る人は、大学など研究機関にはもうほとんどいない。高嶋流の研究姿勢は、残念ながら大学の組織のなかでは十分に継承されているとは言いがたい。

高嶋さんと長く交流を続けた市内北区の農業田鶴《たづる》均《ひとし》さんは、高嶋さんが、ことあるごとに伝統の京野菜の重要さを説いていたといっている。京野菜を守るには多少値段が高くても品質にこだわり、大量に作ろうとはせず、そのよさを理解してくれる消費者と手を携えて守り続けることだと高嶋さんは考えていた。田鶴さん自身も、「いまはアカンでも、そのうちいつか日のあたるときが来る。それを待ち続けるんや」と語っている。高嶋さんと交流を続けた農家でいまなお現役で農業を続けているのは田鶴さんのほか数名になるという。そしてその誰もが、得意の品目を持ち、少量ながら高品質でかつ均質な京野菜を作り続けている。

料理屋と農家の交流

京野菜の質を高めたもうひとつの要素が、料理屋の料理人や女将と野菜農家の交流であることは前項に書いた。料理人が農家を訪ねてよい商品を直接手に入れるのはいまではごくあたりまえのことになっていて、このことが野菜の質を高めている。しかし京ではこのような関係は半世紀も前から出来上がっていた。では、このようなつながりはいつ、どのようにできたのだろうか。

左京区下鴨神社のすぐそばにある「下鴨茶寮《しもがもさりょう》」は一八五六年（安政《あんせい》三年）創業の老舗であるが、その四代目、五代目社長を務めたのが佐治政子《さじまさこ》、八重子《やえこ》姉妹である。四代目社長兼女将であった佐治政子さんは、その著書『おいでやす、おこしやす。――老舗の女将が語る京都の老舗商法』（誠文堂新光社、一九八五年）で、一九六〇年代に高嶋四郎さんから直接に野菜について指摘を受けたと述懐している。のちに五代目社長となる妹の八重子さんと姉妹で京都府立植物園の近くに畑を借り、そこで実際に野菜の栽培をしてみた。このことは姉妹の野菜をみる眼を育てるのに大きく貢献した。

さらに政子さんは一九八九年（平成元年）ころ「京野菜を育てる会」を立ち上げ、自らは副会長を務めて活動を支え続けた。JAなどの組織と連携しながら、市内で京野菜の品評会を開いては品質の向上や普及に熱心に取り組んだ。政子さんは油絵をたしなんだ。京野菜の絵は一三〇点に及び、それらは画集として出版され好評を博した。

右京区嵐山の料亭「吉兆」（いまは京都吉兆）の徳岡孝二さんは、東京店から嵐山店に配属になった当時（一九六〇年代のなかごろ）には、野菜は普通の八百屋さんで買い求めていたという。しかし、野菜が占めるウェイトが高い京の食文化を活かすにはもっと質の高い野菜を手に入れることが必要と考えた徳岡さんは、高嶋四郎さんを訪ねてよい野菜について教えを受け、直接野菜農家を訪ねてよい野菜を入手するようになったという。

南区の農業法人「嶋石《しまいし》」の石割照久《いしわりてるひさ》さんは一九九〇年（平成二年）ころ左京区の老舗料亭「瓢亭」の依頼を受けて野菜の契約栽培を始めた。最初は瓢亭が求める品質の野菜を作るのに苦労したが、いまでは品質の高さには定評がある。そして全国各地の料亭などとの契約栽培に絞って野菜を作っているという。

石割さんのもとには、日本の各地の料理人からの依頼がひっきりなしに来るが、大切にしているのは対面での交流だという。京都市内の料亭などには石割さん自ら、できた野菜を届けている。その際のさりげない会話から、店が何を求めているのかを聞き出すことができる。農家にとってはその高い要求に応えるべく不断の技術の向上が求められる。このように、京野菜の生産農家と料亭などとの間には強い信頼関係が出来上がっている。そしてこのことが京野菜の質を高め、また新たな野菜を取り入れては新たな伝統にしてゆく――そのような好循環が出来上がっている。

京野菜の質が高いのは、土がよいからだと説明されることもしばしばある。「農業は土作り」といわれるように、よい土を作るのは農家である。品質の高い野菜を作る農家は例外なく、土作りにものすごい情熱とエネルギーを注ぐ。土を深く耕して根が地中深く伸びられるようにし、たい肥などを使って土を柔らかにして通気性を保ち、根が養分をよく吸い上げられるようにする。石割さんは、料理屋で出ただしがらをもらい受けてたい肥にする試みも始めた。環境にやさしい取り組みである。料理も野菜作りも、年月をかけ世代をまたいだ勝負である。

京野菜を守るということ

そもそも野菜やその品種はうつろうもの。一〇〇年、いや五〇年その姿を変えないものなど、ひとつとしてない。そのわけはこうだ。

野菜は、食べる人、料理する人あってのものである。食べる人、料理する人がそっぽを向いてしまえば二年と生きながらえることはない。とくに、古くからの野菜やその品種は、誰かが意識して守ってゆかないと、すぐに姿を消してしまう。この点が野生植物とは異なる点である。

加えて、消費者の好みも年々変化してゆく。この五〇年ほどの間に、消費者の野菜の嗜好《しこう》は、香りの弱いもの、甘みの強いものへと変化した。臭くないピーマン、甘いトマトなどがもてはやされた。そのことが、個性的な味を持つ在来の品種が敬遠される理由ともなってきた。しかしここにきて、在来品種が再び注目されるようになり、その味を追い求める人も少しずつ増えてきている。それに応じて新しい品種も生まれ、古いものは淘汰《とうた》されてゆく。同様の変化は、京都の野菜でもおきている。

野菜の品種が短命である理由はまだある。アブラナ科に属するダイコンやカブなどは「自家不和合性」という性質により自家受粉できない。自分と同じ遺伝子型の花粉がめしべにいくらたくさんついても、それらが受精にあずかることができない。そのため動物と同じく、子の性質は同じ親から生まれた兄弟間でさえもさまざまに異なり、親と同じ性質のものなどひとつとして現れない。自家不和合性を持たなくとも、雌雄の個体が異なる植物のように普通に他家受粉する野菜でも同じことがおきる。

野菜ばかりか、自家受粉するお米の品種でさえ、五〇年もの時間を超えて生きながらえるものはごく少ない。空前の著名品種となったコシヒカリも、一九五六年（昭和三十一年）の誕生から六〇年あまりを経たいまでは、誕生当時の姿を実質的には失っているといわれる。野菜の場合には、数十年もたてば、種《しゅ》を越えた交配がおきて、いままでにはなかった新しい種、品種が生まれることさえある。

ある品種の性質を維持するには、品種改良の専門家や農家の記憶と専門の技によるしかない。農家では、前のシーズンに栽培したものと違っていると判断されたものは間引きながら、その品種の性質をなるべく保つようにしている。けれども、気温や降水量、日照などの環境は年ごとに変わる。連作障害のある作物は畑を毎年変えるわけだから、地味や地力も毎年異なる。仮に親と同じ遺伝子型の子世代が得られたとしても、収穫される野菜の品質は当然にして変わってくる。

品質は記憶によるわけだから、今年のカブが去年のそれと同じであるかなど、確かめようもないので、世代を経るうちに品種の性質は少しずつ変わってゆく。とくに栽培者の代替わりがおきたとき、それを契機に品種の性質が大きく変わることがある。したがって、古典籍や若冲の絵に登場する京野菜たちが、その味や成分などの性質をいまにとどめているかどうかはわからないのである。二〇二ページのスグキ菜も、二〇世紀のはじめころまでは根の部分はごく痩せた品種であったと田鶴さんはいっている。それがここ一〇〇年足らずの間に根の部分もよく発達したいまの形になっているのだから、野菜の品種はそれくらいに変わりやすいということがわかる。

高嶋さんが野菜農家の人たちに説いたのが種子の管理であった。来年も、再来年も、少しでも長く同じ性質を持った野菜を生産し続けるため質の高い種子を生産することが必要である。そして大事なのは性質を見分ける識別眼と遺伝学の知識である。ある特定の野菜を熟知した農家が、その性質をなるべく長きにわたって維持できるよう、次代の種子を作り続けることである。

田鶴さんたちはスグキ菜の遺伝子型を守るのに苦労した。既述のようにアブラナ科の植物は自家不和合性を持ち、他の株の花粉で種子をつける。空中には他のアブラナ科の植物の花粉が飛び回っている。野菜ならば誰が何を植えているかは話を訊けばわかる。問題は、自生する植物たちだ。いっとき、賀茂川や高野川の河川敷に由来不明の菜の花が自生していたことがあった。そこから多量の花粉が飛んでくる。その花粉で受粉してできた後代には想像もしなかったような変異が現れる。「遺伝子汚染」である。なんとかしてこの「遺伝子汚染」が防げないか。

開花の時期が一緒にならないように種子を取る株を隔離栽培してみたりと、人知れぬ苦労があったという。秋に種子を播《ま》いてからも、「これは違う」と思われる個体を苗のうちに抜いてしまわなければならない。このようにして田鶴さんはスグキ菜の遺伝形質を守り続けたのである。遺伝形質を守ることの大切さを、高嶋さんは説いた。そして、自分たちの野菜を守ろうという気概に満ちた農家がその期待に応えたのである。

このように考えてみれば、京野菜がいまの地位を確立した背景には、農家、研究者、料理人それぞれの努力と、三者間のリアルで濃密なかかわり合いがあったといえよう。そして三者の関係を支えたのは、京の街が、三者が互いに行き交える適当な大きさの街であったことも忘れてはならない。街が東京のような規模に膨らめば、いきおい人間関係は希薄になる。かといって街が小さすぎれば、今度は料理屋はなりわいとして成立しなくなる。

伝統行事が守る京野菜たち

京野菜をいまに伝えるため大きな役割を果たしてきたもうひとつの要素が、さまざまな宗教行事や年中行事であった。その例をいくつか挙げておこう。

ひとつは八ページに挙げた鹿ケ谷カボチャである。左京区の安楽寺が毎年七月二五日におこなう「カボチャ供養」に使われる。寺の記録によると、一七九〇年(寛政《かんせい》二年)ころに陸奥国から持ち帰られた種子に派生する突然変異体を、安楽寺の僧が供養に用いるようになったのがはじめといわれる。

このカボチャは、以前は鹿ケ谷付近で栽培されていたが、市街化が進み畑がなくなり、いまでは府の北中部の綾部《あやべ》市一帯で栽培されている。寺がとくに気を遣うのが、このカボチャの特徴である「くびれ」である。このカボチャの形態上の特徴はヒョウタンのようなはっきりしたくびれを持つことである。品種の維持には、何にも増してこのくびれが大切なのだ。

供養の当日は朝早くから寺の関係者らが集まり、数センチ角に切り分ける。このときに、くびれの部分を両断してしまわないように、大きめに切り分けることが大切なのだそうだ。このようにしてできた切り身を、竹皮を敷いた大鍋で、だし、砂糖、醬油などを加えて四〇分ほど煮る。それを、一切れずつ、参詣者にふるまうのである。

九ページでも触れたように、鹿ケ谷カボチャは味も薄く、やや青臭く感じられる。それが味だといえば味なのかもしれないが、濃い味に慣れた現代人には物足りなく感じられる。加えて値も張る。それにもかかわらず、このカボチャが世紀を越えていまに伝わったその原動力はなんといってもカボチャ供養の存在である。そしてそのカボチャは鹿ケ谷カボチャでなければならない。「中風にならない」というその言説も、健康ブームに翻弄《ほんろう》される現代人の支持を受ける理由のひとつだろうか。街の市場などにも飾りの代わりにおいてある店がいくつかある。つまり京の街なかでは、鹿ケ谷カボチャは一定の支持を得ている。

もうひとつ、「祝ダイコン」を挙げておこう。市場などでみる青首ダイコンに比べると、長

祝ダイコン（著者撮影）

さも短く、また太さも三センチ程度と細い。京野菜には含まれてはいないが、奈良県が「大和《やまと》野菜」として認定しており、主産地も奈良県下である。「祝ダイコン」は、京都でも奈良でももっぱら雑煮用に使われ、年末の数日間にしか出回らない。というのも、これを輪切りにすると丸い形になって雑煮に浮かせるにはちょうどよい。青首のような太いダイコンを使うとイチョウに切らねばならなくなって角ができる。これを嫌って、雑煮用にわざわざ細いダイコンが用意された、というのがよくいわれる理由である。輪切りにしたときの断面に現れた模様が菊花に似て美しいのもよい。なお、祝ダイコンは京の伝統野菜には加えられていないが、以前は郡ダイコンが使われていたのではないかともいわれている。

鹿ケ谷カボチャにせよ祝ダイコンにせよ、生産性が低く、また栽培には手間がかかるので、大量生産には向かない。そしてこれらがいまに伝わるのは、鹿ケ谷カボチャの場合には「カボチャ供養」という行事のため、また「祝ダイコン」の場合は雑煮という用途のためである。つまり、これらの行事が、伝統野菜をいまに伝える原動力になってきた。伝統野菜を守る行為は野菜の種類の多様性を守ることにつながる。生物多様性の維持に貢献する行為は、地域のさまざまな行事という文化の多様性と深く結びついている。

京のトウガラシ

京都人はトウガラシをよく食べる。そのことは京野菜のなかにいくつものトウガラシが含まれていることからもわかる。統計をみたわけではないが――というよりおそらくこのような統計はないと思われるが――京では各種のトウガラシが食べられ、使われてきた。トウガラシというと、あの、カプサイシンの辛さが連想されるが、京のトウガラシのなかには、辛くないものもたくさんある。だからそれらは、野菜の扱いである。

京野菜やその仲間にも、「伏見トウガラシ」「万願寺トウガラシ」「田中トウガラシ」「山科トウガラシ」などがあって、これらはピーマン同様、カプサイシンの辛さはほとんどない。これらは生で食べることはあまりなく、たとえば、「万願寺とじゃこのたいたん（炊いたもの）」のようなおばんざいの一品として認知されてきた。万願寺は府の北部、舞鶴《まいづる》市の地区名である。この地区で、交配により生まれた品種らしいが、出自についての詳細はわからない。現在も舞鶴はじめ府の北部が主産地で、「京のブランド産品」として一九八九年（平成元年）に認証されている。万願寺トウガラシは肉厚で、未熟果はやや甘い。長さは一五センチから二〇センチにもなる。種子や胎座《たいざ》（種子がつく部分）も取らずにざっくりと切り、油で炒めたあと、適量のちりめんを加え、少量の酒、だし汁、醬油で味を調える。これが先の「万願寺とちりめんじゃこのたいたん」。冷蔵庫におけば三〜四日は食べられる。

伏見トウガラシも辛味のない品種である。市場などでは「甘と」などと呼ばれている。「と」は、トウガラシのこと。万願寺よりずっと細く、長さも短いが、万願寺と同じように調理されたり、普通に焼いたりして食べられる。素焼きにして鰹節を載せ、醤油をかけるだけで夏の立派な一品になる。伏見トウガラシの若葉は「きごしょう」という佃煮として料理される（九一ページ）。採ったものは隅から隅まで使おうという、京都人のしまり屋精神の発露であろうか。

田中トウガラシもまた、辛くないトウガラシである。田中は左京区の地名。北白川《きたしらかわ》の西側、鴨川の支流である高野川の左岸（東側）にあたる。田中トウガラシはやや肉薄で柔らかく、シシトウを少し太くした感じの品種である。四〇〇年ほどの歴史を持つ左京区の「瓢亭」の一品《ひとしな》のなかには、この田中トウガラシを使ったものがある。

辛さを持つトウガラシ抜きには語れない京の調味料もある。「七味」「一味」がそれである。七味は鍋料理のほか、うどん、やきとりなどのアクセントに欠かすことができない。京都は日本の七味の名産地のひとつで、市内にも老舗が何軒かある。店によって使われる素材は少しずつ違うが、サンショウ、白ごま、麻の実、青じそなどとともに、トウガラシが必ず使われる。店によって使われたり使われなかったりするのが、ケシの実、黒ごま、陳皮（ミカンの皮）、柚子の皮などである。一味はその名のとおり、トウガラシの粉のみである。

トウガラシは、ほかにも、さまざまな料理に使われてきた。ナスと身欠き鰊の炊き合わせ、酢レンコンなどに加えるとそのぴりっとくる辛さが絶好のアクセントになる。味噌やラッキョウの甘酢漬けを作るのにも、数かけらの乾燥トウガラシを入れることで防カビや防腐効果があるとされる。

トウガラシの原産地は南米。いわゆる「コロンブスの交換」で一六世紀までに欧州に伝わり、インドを経由して日本にも伝わったといわれる。トウガラシはそれからわずか四〇〇年ほどの間にさまざまな用途を獲得したが、他の渡来食材と同様、まず都に伝わってそこから各地に伝《でん》播《ぱ》したのだろう。

京のネギ

ネギといえば、東京や関東では、白い部分が長い白ネギが普通だ。いまでこそ京都のスーパーでもみかけるようになった「深谷《ふかや》ネギ」などがその代表で、旬のころのネギはその白い部分に甘いジュレ状のものがいっぱい溜まっている。ネギは甘いのである。これらは「加賀《かが》系」あるいは「千住《せんじゅ》系」に属する。そしてこれらは、緑色の部分はあまり食べない。

いっぽう、関西以西で多くみかけるのが緑の葉の部分が多い葉ネギである。その鮮やかな緑色が食欲をそそる。冬の京都のメニューの「衣笠丼」やうどんの上にも葉ネギの葉の部分をたっぷりと載せる店がある。なお京都ではネギの多くが「九条ネギ」と呼ばれる品種である。緑

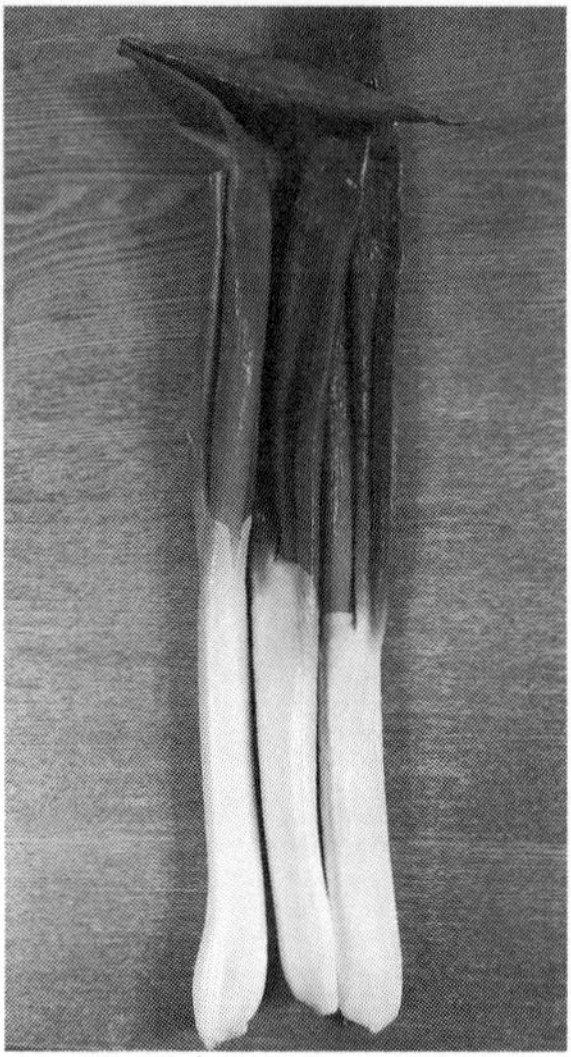

賀茂ネギ（著者撮影）

の部分を食べるネギで、市の南部の九条付近が主産地であったことにちなむ名前である。

九条ネギのなかでも冬に栽培されるものは、緑色が濃く、かつ甘い。新鮮なものは、切るとなかからドロッとした甘い液体が飛び出てくる。空洞の内側に溜まった糖を含む粘液で、ネギはこれで凍結から身を守っている。この緑色の部分は煮すぎると色が黒ずみ、苦みが出るので要注意。

ところで京には、「西は葉ネギ」の例外がある。京都市内北部の鷹峯地区から玄琢《げんたく》、西賀茂《にしがも》地区には「玄琢ネギ」「賀茂ネギ」などと呼ばれる白い部分の大きいネギがある（写真）。いまも細々と栽培が続けられているが、近ごろはスーパーにも白ネギが並ぶようになったのですっかり影が薄くなってしまった。みかけは白ネギそっくりだからで、京にも白ネギがあるなどといわれることがあるが、それは誤解である。どちらも、九条ネギに属する系統とされる。その意味では、「西日本のネギは九条系」という言い方はいまも正しい。

京のつけもの　（左上）すぐき、（右）千枚漬、（下）しば漬け
（写真・京都府漬物協同組合）

観光や所用で京都に来た人は京都のお土産に何を買うだろうか。これについてはネット上にランキングのサイトがたくさんあって、それをみればおおよその傾向がつかめる。どのサイトでも圧倒的に多いのが「スイーツ」、つまり菓子類である。「阿舎利餅《あじゃりもち》」など餅の名前のつくもの、生八ッ橋、最中、飴などのほか、洋菓子や和洋折衷の菓子、チョコレートなど、また老舗によるいわゆる「創作和菓子」とでも呼ぶべき新味の菓子類も多い。

菓子類についで多いのが漬物の類である。「京都府漬物協同組合」のウェブサイトによると、京都には「三大漬物」と呼ばれる漬物がある。「すぐき」「千枚漬《せんまいづけ》」「しば漬け」である。

すぐきとは、「スグキ菜」といわれる種類のカブを葉も根も含めて丸ごと塩漬けし、重石をかけ、乳酸発酵させた京都独特の漬物である。ただし、スグキ菜は二〇世紀の前半までは根の部分がほとんどない品種であった（二〇九ページ）。それが、いつの間にか根の部分が太り、いまでは葉の部分と根の部分両方を一緒に漬ける。独特の香りと酸味が癖になる漬物である。スグキ菜を秋に収穫して葉がついたままよく洗い、専用の樽《たる》に塩とともに漬け込んで冬の終わりから春までおく。酸味は乳酸菌によるものだが、菌は葉に棲みついている。その意味では、すぐきは、上賀茂の風土に支えられた漬物である。発酵を進めるために、炭を焚《た》いた室《むろ》にしばらくおく。食べるときは、葉の部分、根の部分を一緒に、みじん切りにして食べることが多い。

すぐきの大きな特徴は、カブの生産農家が種まきから漬物の製造まで一貫しておこなうところだ。もとは上賀茂神社の社家が製造を独占していた。販売は業者の仕事で、製造と販売は分業されている。ただし、生産者は年々減少していて、将来の担い手の確保が課題である。

千枚漬は、聖護院カブという丸くて大きいカブを薄く輪切りにして塩に漬けた浅漬けの漬物である。味つけのために昆布の断片を入れるが、この昆布が糸を引いて腐っているかのようにいわれることがある。むろんそれは大いなる誤解というものだ。千枚漬は浅漬けに類する。といってもすぐきに比べてという意味であるが、これもやはり乳酸発酵を伴う冬の漬物である。ただし最近は酢を加えて酸味を演出する商品が出回っているようだ。

これら二つが冬の漬物であるのにたいして、しば漬けは夏の漬物である。ナス、キュウリ、ミョウガに塩をして樽に漬ける。そしてやはり重石をかける。乳酸発酵が進んで、酸味のある独特の風味の漬物になる。このときに赤紫蘇《あかじそ》を加える。しば漬けのあの赤紫色はこの赤紫蘇の色である。この漬物には、一〇〇〇年近くも前から語り継がれてきた物語がある。平家とともに幼くして亡くなった安徳天皇の母建礼門院徳子《とくこ》が力を失って、いまの京都市左京区大原の寂光院に蟄居《ちっきょ》した。そして、失意の底にある建礼門院に里の人びとが差し出したのがこのしば漬けであったという。大原は、それ以来赤紫蘇の産地である。

以上「三大漬物」はいずれも、もともとは塩漬けで重石をして乳酸発酵させているところに特徴があるが、どうやら「塩漬け＋重石」には意味がある。乳酸菌は、糖分やアミノ酸などを栄養として摂取し、その代謝産物である乳酸を産生するが、この栄養分は野菜などの細胞から提供される。栄養分を得るには細胞がつぶれたほうがよい。塩で揉み、圧をかけることで細胞が壊れ、なかにあった栄養分が細胞外に出てくる。

ここでいう乳酸菌は植物乳酸菌である。それがどこから来たかはわからないが、漬けられる野菜、漬物やその容器に棲みつき、代を継いできた。野菜栽培が盛んになり、たくさんの漬物が随所で漬けられるようになったことで、街全体が「乳酸菌の培養器」になってきたのであろう。京都は精進料理の街でもあるので、三大漬物以外にも植物素材を使った漬物がたくさんあり、そして乳酸菌を使って作られたものが多い。

塩漬けの漬物は種類が多い。梅干しもそのひとつではあるが、京都にも著名な梅干しがある。いまでは梅干し用のウメの産地は和歌山が定番ではあるが、京都では、北野天満宮の梅干しが有名である。北野天満宮はウメの神社としても有名で、梅園で産する梅の果実を梅干しにしてその一部を「大福梅」として販売している（六四ページ）。和歌山の梅干しのような大粒で水分の高いものとは異なり、小ぶりで硬く乾燥し、また塩分もたいそう高い。

このように、京は漬物の街であるが、その背景には、良質の野菜が豊富に採れたことや、さらには精進料理の思想が深くかかわっているのであろう。

第5章　京の食文化——その未来

京の食の行方

空洞化する京の食

若いころからフィールドワークに明け暮れてきたわたしにとって、食の地域性は否が応でも気になる問題のひとつであった。世界ばかりか日本国内をみても、地域によりさまざまな食があり、そしてその背景にはそれぞれに物語がある。ところがいま、食の地域性がどんどん薄れてきている。加えて、旬の感覚も薄れてきている。いつどこに行っても同じものが出される。飲食店ばかりではない。スーパーマーケットや、最近では生鮮食料品も売っているコンビニでも、事情はまったく変わらない。海魚が、海のない県で養殖されるような試みもあって、地理的、季節的な画一化は着実に進みつつある。

もうひとつ、食べ物の工業化が進んでいる。幾重にも加工され、人工的に合成された調味料等で味つけされ、保存、発色、増粘などのための添加物が加えられ、プラ容器や紙箱に入れられて販売される食べ物たちである。むろん、旬も地域性も失われてゆく。

以前ならば、人びとには自分たちが食べているものが何であり、どのように作られ、どのように登場するに至ったかの全容はおぼろげながらみえていた。ところがそれがしだいにみえづらくなり、いまでは自分が食べたものが何からできているのかさえわからなくなりつつある。たとえば最近注目を集める編集肉。肉食が環境に大きな負荷をかけているとの問題意識から、ダイズやコムギのタンパク質を加工し肉そっくりの食感や風味を与えた、これまでにはなかった食材である。いわば現代版「もどき」といったところだ。けれど畑のダイズがどのような工程を経て編集肉になるのかは、「特許」のベールをかぶったブラックボックスに入れられている。かつてはその気になれば自作もできた音響機器が、いまはレアメタルを使いクリーンルーム内で特殊な機器を使って作られるプリント基板なしには考えられなくなっているのと同じである。性能はたしかに向上したものの、わたしたちは原理を理解する権利や、製作に自ら介入する権利を奪われている、ともいえるわけだ。そして、それが本当に環境負荷が小さいかはきちんと調べてみる必要がある。

このような食の変化が、人びとの生存や幸福感にどのような影響を及ぼすかはまだわかっていない。自然科学の方法で検出できる、栄養価、毒性などの面でさえ評価は二分している。料理をすること、季節や風土を感じること、ともに食卓を囲むことなどの人文、社会科学的な側面については、研究はまだ緒についたばかりである。長期的な視野に立ってみれば、人間社会はこうした変化に適応してゆくだろう。なるようになる、いや、なるようにしかならないのだ。けれど、誰かが作り出しているこうしたものや風潮に唯々諾々と従うだけというのもしゃくな話ではないか。

こうした、おそらく全世界で進みつつある動きは、京都の食だけを例外にはしておかない。ただし、京都の場合、他の街とは大きく違う点がひとつある。それは、京都が「和食の街」としての看板を背負っているところだ。京は、和食の食材から食器、しつらえ、そして周辺にある文化要素のメッカである。そしてそれらの粋を集めた、「超」の字がつく一流の和食店がいくつもある。

これらの店の主人たちが口をそろえていうのが、伝統を継承することの難しさだ。先出の村田吉弘さん（菊乃井主人）も、このことを繰り返し強く主張している。精神論をいっているのではない。食材や食器、調理器具、室内のしつらえの生産者たちが、後継者不足や業績不振を理由に次々と廃業してゆく。さまざまな意味での環境が変化し、これまで獲れていた魚などの食材が十分には獲れなくなっている。それにはきっと地球温暖化など、全球レベルでの環境変動も関係している。主人たちも、天を仰いで嘆息しているばかりではない。代わりのものをさがして、なんとかしのいでいる。伝統は、そうすることによってかろうじて守り継がれてきた。

なお、伝統とは、昔をそのまま今に伝えるものではない。しいていえば伝えるべきは「昔ながら」、つまり「昔」を引き継ぎつついまの人に受け入れられる、あるいは提供できるもの、のことではあるまいか。

それにも増して深刻なのが、京都人の和食離れだ。九八ページにも書いたが、かつては「京都の台所」といわれた錦市場でも伝統の和食材はどんどん売れなくなってきている。足もとの市民たちが和食への関心を薄めゆく状況で、果たして和食に未来があるといえるだろうか。

このようにみてみると、和食の足もとにはいま、ぽっかり大きな穴が開いている。決して安穏としていられる状況ではないのだ。

京の食を守れ

和食の街京都は、その伝統の食をどう守ればよいのだろう。この問いは、伝統文化の継承をいかに図るかという問いでもある。解決策のひとつは、京都人みんなが和食を食べることだ。それも、いわれてそうするのではなくて、進んで食べることだ。消費が増えれば需要も増える。需要が増えれば生産も回復するだろう。そうなれば、廃業した職人たちも帰ってくるかもしれない。

それにも増して重要と思われるのが、「当事者意識」と「自覚と誇り」である。当事者意識は、京都人の一員として自らも日々和食に親しもうという思いである。京都の和食文化を守ろう、といいながら、しかし、わが家の食は来る日も来る日もパスタだ、ピザだ、コンビニ弁当だというのでは困る。年一回はあの店に行ってみよう、仕出し弁当をとってみよう、おせち料理を予約してみよう……そのような意識の醸成が必要である。そして店の側にも、そうした需要喚起を考えてもらいたい。

先にも書いたように、京都人は特別の日を除き、あまり外食をしない。超のつく有名料理屋の常連さんが市内にそれほどいるわけではない。それらの料理屋さんや繁華街の飲食店を支えてきたのは、おもに外からのお客たちである。こうした店に、京都人が通える仕組みを考える必要がここにある。二〇二二年（令和四年）現在、日本中が新型コロナウイルス感染症の流行によって人の動きが強く制約を受けるなか、こうした店を救うのは京都人以外にない。

そしてもうひとつ重要な視点がある。それは、食材はじめ関連するものを作る環境を守る視点である。いま、日本では、消費する食材の約六割を輸入している。そのすべてをやめて国産にするというのは現実的ではないが、少しでも国産、それも近場での生産物を使いたい。そうでなければ、生産地はますます荒れ、そこに野生動物が入り込んで獣害を拡大し、それがもとで生産地である里がますます萎縮《いしゅく》する。

里の萎縮が進むと、川を通じて海に流れ込むミネラルが減ってゆく。それに加え最近では、排水の浄化が過度に進んで海に流れ込むミネラルが減っている。瀬戸内海はじめ日本各地でさまざまな魚種の慢性的な不漁が伝えられるが、海に流れ込むミネラルの減少も慢性的不漁の原因になっているのではないかと思われる。人びとの消費が減り活動が低下すれば、海の資源量も減って漁獲が落ち込むという、これまた悪循環に陥っているかに思われる。国産の米や野菜を食べないことは、回り回って魚の生産にも影響を及ぼす。こうした意味での「循環」の理解を深めたい。

観光と食

観光客であふれる京の街

京都は観光の街である。『日本経済新聞』によると、京都府内の観光消費額は府内GDPの一三パーセントにあたる一兆三〇〇〇億円を超える（日経新聞電子版二〇二〇年三月六日）。これだけをみると京都府は押しも押されもしない大観光地なのかもしれない。

けれども、二一世紀のはじめころの京都はこれほど混雑していなかったように記憶している。「二月と九月は倒産が多い」という言説があったように、夏休み後、正月後のオフシーズンは、街はがらがらだった。シーズン中はごった返していた観光地も、オフシーズンには人通りは絶え、祇園などの繁華街でも閑古鳥が鳴いていた。

ところが、二一世紀も進むと修学旅行の時期分散化が始まり、加えて外国人訪問者が急に増えるようになった。住人の感覚でも、二〇一五年（平成二十七年）ころからJR京都駅は外国人と思われる人であふれるようになってきた。観光地である清水寺、伏見稲荷《いなり》、祇園、金閣寺周辺、嵐山などは一年中、市民生活を妨げるほどにごった返すようになった。ごみは放置され、市民は公共交通機関を満足に利用できず、騒音や迷惑行為に年中悩まされることになったのだ。

あまりの訪問客の多さに「オーバーツーリズム」とか、挙げ句の果てには「観光公害」などという語まで現れた。市民の不満は行政にも向いている。市は観光客数を増やすことばかりを考え、その結果生じたことに目が向けられてはいない。あまりの批判に、観光を推進してきた市長も、二〇二〇年二月（令和二年）の市長選挙では観光政策を大きく見直すといわざるを得なくなった。

市民の不満は大きくいうと、次の三点に集約できるだろう。ひとつは、観光によってもたらされる利益が実感できないこと。仮に、ＡＩなどの導入により混雑が緩和され「市バス」に乗れるようになったとしても、それが市民の利益などとはいいがたい。もともと「市バス」は市民の税金で運営されており、市民が普通に乗れるのがあたりまえだからだ。それなのに観光客が減りバスの利用者が減ったことで、市はとたんに減便や運賃値上げをいいはじめている。

もうひとつは、交流の場が失われていることだ。そもそも日本では外国語が通じにくい。ＷｉＦｉはじめネット環境の整備は進んだが、それにより市民と訪問客との交流が断たれてきている。市は海外の観光客が増えれば市民との交流が深まって市民の視野が広がるというが、観光客は住民と交流などしなくとも観光の目的を達成することができるようになってきた。言葉の通じない住民にものを尋ね不確かな情報を得ずとも、バス停などにあるフリーWiFiを使って情報をとるほうが簡単で正確なのだ。

そしてなんといっても大きな不満は、観光客が市民の居住空間にずかずかと入り込んでくることだろう。そう、市民の目には、観光客が自分たちの生活を見学の対象にしているのではないかと映る。絵葉書にあるような有名スポットの写真ならばネット上に氾濫している。それより、一般市民の生活の場は格好の写真スポットである。わたしたちも外国を旅すると市場で写真を撮ったりする。しかし撮られる側にすればそれは迷惑な話だ。嵐山に住む知人が、庭の写真を撮られる、表札の写真を撮られるとこぼしていた。撮る側にすればエキゾチックな市民生活を記録に収めただけなのだろうが、庭には洗濯物も干すし、庭が狭ければ家のなかまで写り込む。表札の写真がSNSで拡散されるのも迷惑な話だ。

こういう問題が解決しないと、いくら美辞麗句を並べ立てたところで市民は納得しない。行政は、来訪人数を増やすことや富裕層向けのアピールばかりに目を向けるのではなく、もういいかげん、長い目でみて京都の街と市民にとってプラスになる観光行政を展開するべきである。富裕層の観光客を増やすのならば彼らからはもっと高額の税や、借景料のような料金をとればよい。さらにいえば、今のままでは過去から受け継がれてきた自然や文化資源が失われてゆく懸念なしとしない。文化資源の喪失である。つまり今の観光政策は持続可能な観光を目指しているとはいいがたい。食文化という観点では、京都市民が京の食に誇りを持ち、大切にし、それによって保たれる高い水準の食文化を将来にわたって訪問客にもおすそわけする、という感覚が必要である。いまの観光行政には、この部分がごっそり欠落しているように思われる。

観光客の食

観光被害は食の分野に顕著である。市内の多くの店は外国人に「占拠」されてしまった。そういうところではサービスも味も低下しているようだ。表面的にはお客であふれかえり、儲《もう》かっているのだろうが、海外から来た観光客もいずれは京都から離れてしまうだろう。店からすればしょせんは一見《いちげん》さん、リピーターになることなど期待もしていないということかもしれないが、長い目でみれば京都という街の食のブランドを傷つけている。そう考えれば、祇園などで以前からおこなわれていた「一見さんお断り」という客あしらいも理にかなっているように思われる。それは、食文化という文化資源の持続可能性を担保する方策でもあったのだ。

さて、その訪日外国人の食だが、彼らの考える和食とは何だろうか。多くの訪日外国人が関心を寄せている「和食」とは、寿司、蕎麦、天ぷら、やきとり、ラーメンなどであるといわれている。これらのメニューは、やきとりとラーメンを別とすれば江戸生まれのファストフードである。実際、京都を訪れる訪日外国人をみていても、この傾向に変わりはなさそうである。錦市場は、一時テーマパーク化していたが、そこで人気の食べ歩きの食材はご当地グルメのラインナップとよく似ている。京都らしい食材を使ったものもないではないが、たこ焼き、串揚げ、アイスクリームなど、いまや全国どこにでもみられる食べ物ばかりである。そして食べ歩きの問題は、京都人たちの錦市場離れを加速させてきた。

訪日外国人の来店が増えると、常連客の足が遠のくのは一般的な傾向である。とくに飲食店ではその傾向は強まると思われる。店はまるで外国人専用店でもあるかのような様相を呈することさえある。こうなると、常連客はおろか、日本人客も寄りつかなくなる。

京都が世界に誇る京料理は、外国人の目にはどのように映るのだろうか。これについて意見は二分する。京料理は、いわゆる京都通といわれる人びとには概して評価は高い。知り合いの外国人――わたしの場合はその多くが研究者たち――は、京料理を絶賛する。彩りがきれい、健康的である、うまい、店の雰囲気がよいなど、彼らは異口同音に京料理をほめたたえる。むろんその言葉のなかには、また連れてきてくれよ、という思いが隠されていることは承知しているのだが、彼らは心底京料理を愛している。しかし考えてみればそれはあたりまえのことである。京都の文化が好きだからこそ、彼らは機会をみては京都を訪れるのである。そして京の料理が気に入ったからこそ京都に来て食事するのである。ただしこのような訪日外国人は決して多くはない。

いっぽう、訪日外国人のなかには、京料理を「面倒」だと感じる人もいる。日本人でもお茶の作法を知らない人にとってお茶席が億劫《おっくう》なのと同じである。作法も知らずにそのようなところに行けば無作法を笑われるのではないか。面と向かって馬鹿にされることはないまでも、あとあとそのことをいわれるのではないか。こうした不安が茶席への出席を躊躇《ちゅうちょ》させている。一部の訪日外国人の京料理や懐石料理に対する「面倒」という感覚には、これと似た感覚があるように思われる。そしてそういう訪日外国人のほうが、数の上では圧倒的に多いと思われる。

ポストコロナの京の食

災害の世紀来る

日本列島は災害列島であるともいわれる。そして二一世紀は、一九九五年（平成七年）の阪《はん》神《しん》・淡路《あわじ》大震災に端を発する、災害の世紀とみてよいようである。最大震度七を記録した大きな地震もしょっちゅうおきている。ほかにも、記録的短時間降雨や台風による洪水や土砂災害などの災害が頻発している。

災害の世紀と呼ばれる災害多発の時代は過去にもあった。八世紀から九世紀にかけて、あるいは一一世紀末から一二世紀にかけての時代がそうである。京の街の被災状況は鴨長明の『方丈記』につまびらかである。相次ぐ災害で社会は疲弊した。食べるものもろくになく、人びとはバタバタと倒れていった。おそらくは体力をなくした人びとの身体を、まるでダメを押すように疾病が襲ったことだろう。この時代「末法《まっぽう》思想」が広がったのも、こうした背景があってのことだった。

そのことが仏教が人びとの間に広まる原因になった。その後、既存の宗派に飽きたりない僧たちが中国に渡り、やがて禅宗を持ち帰る。この禅宗が精進料理やその思想を生んでゆく。また、僧たちが持ち込んだ茶と飲茶の文化が日本固有の茶道の文化を生み、それが茶懐石へとつながってゆく。いかにも教科書的な説明ではあるが、このように考えてみれば、多発した災害が和食の基礎を作ってきたともいえるだろう。

感染症は他の災害とは違って長期化することが多い。とくに地域全体を流行の渦に巻き込むエピデミックに発展すれば、終息には年単位の時間がかかるだろう。さらに、流行が全世界に蔓延《まんえん》するパンデミックの状態になれば影響は一〇〇年の単位で持続し、社会構造全体を作り変えることもあり得る。ペストの流行は、まさにそのような事象だった。

コロナ禍

二〇二〇年(令和二年)二月ころから、日本各地で新型コロナウイルスの流行が確認され、二〇二二年九月段階で累計二〇〇〇万人超の感染者、四万三〇〇〇人超の死者数を数える巨大災害となった。しかしやっかいなのは、感染力も致死率も、圧倒的多数の人びとを恐怖のるつぼに投げ込むほどに高くないことである。加えて発症率も決して高くない。つまり無症状のままウイルスをまき散らすスプレッダーがたくさん現れる。それもあって、感染はなかなか終息の気配をみせない。

このウイルスのやっかいなところは、食を直撃しているところにある。といっても、ノロウイルスのように消化器を攻撃するわけではない。飛沫《ひまつ》や接触により口、鼻、眼などから侵入し、呼吸器や循環器はじめ多臓器に損傷を与える。眼や鼻はともかく、口は呼吸器の入り口であるとともに消化器の入り口でもある。しかも、ヒトは食べるとき、他者と一緒に食べる習性を持ち続けてきた。この習性は「共食」と呼ばれているが、共食という習性は単に食卓の上でのことに限らず、食の生産や流通の段階を含めて考えるべきであろう。つまり、地球上に生きるヒトは誰一人として、自分だけの力で自分の食をまかなうことができないからだ。

皮肉にもこの共食という人類の習慣が、この感染症の終息を困難にしている。このウイルスは、じつに嫌なところを突いてきている。他者との共食が、著しく制約を受けた。人びとの行動は大きく変容した。二〇二〇年春に出された緊急事態宣言時には飲食店の営業の自粛や営業時間の短縮が求められた。また、「テレワーク」が推奨されるなどして、とくに都市部で人びととの外出や動きが大きく減った。「巣ごもり需要」などという語が生まれ、家庭で料理する人が増えた。外食の需要は大きく落ち込んだ。これまでなら昼食は、外で弁当などを買ってくるか、社員食堂や外食店で摂《と》るのが普通だった。夜は仲間や仕事の関係者と一緒に摂ることが多かった。その習慣を、このウイルスは突いている。

出かけないのだから、外食のチャンスは当然、減少する。しかも外食という行為が危険だとやり玉に挙げられた。冷静に考えれば、外食そのものがリスクの高い行為なのではない。たし

コロナ禍の錦市場（2022年1月）（著者撮影）

かに都会の飲食店は狭い。テーブルも小さいし、テーブルとテーブルの間隔も狭い。だがそれは外食そのものの属性ではない。外食店は、感染症対策をして客を迎えようとしたが、そもそも人出が伸び悩んでいる。窮余の策として、多くの外食店がとったのは配達や仕出し、あるいは弁当販売などだった。いわば中食化がおきたといってよいだろう。

国内からの訪問客も訪日外国人も激減したことで、京都でも飲食店を含む観光産業は大打撃を受けた。外食店は窮地に立たされた。小規模なところには廃業・倒産したところも多くあった。飲食店の廃業・倒産は連鎖反応をおこし、店の従業員はもちろんのこと、食材を納入している会社、それを運ぶ運送業者、農家や漁業者など、関係する多くの関係者を連鎖的にいためつけた。コロナ禍は、食の生産・流通の段階でも、人と人とのつながりを絶つ。感染の第七波は、感染力がこれまでのどの系統よりも強いウイルス株によってもたらされた。発症すれば症状の軽重によらず一定期間の隔離が求められる。いろいろな業界・分野で、感染者や濃厚接触者の急拡大により、櫛《くし》の歯が欠けるように要員が欠けてしまう。医療従事者の感染は医療の力をそいでゆく。同じく流通従事者の感染は流通の力をそいでゆく。日本ではそれほど顕在化しなかったが、国外では感染の急拡大が食材はじめ資材の運搬を阻害した事例がいくつもある。

仕出し文化の復活を

外食が制約されると、外食店には宅配や持ち帰りの営業形態をとるところが出てくる。「デリバリー」「テイクアウト」などカタカナ語で呼ばれることが多いが、「仕出し」にはカタカナ語では表現しきれない深みがある。

京都には以前から仕出しの文化があった。仕出しはどこかオールマイティである。日ごろの「ケ」の食も、何かの行事がある「ハレ」の日の食も担っていた。「ケ」の食にあっては、いまでいうところの「デリバリー」や「テイクアウト」の役割を担っていた。結婚式や入学式などの「ハレ」の日の食も仕出し屋が担った。食べきれないほどの料理が出されるのが普通だった。余った分は折り詰めにされて持ち帰り、留守家族にも供された。

仕出し屋の業務には、下ごしらえした食材を持って顧客の家やホテル、寺院など指定の場所に出かけ、そこで最終的に味つけし盛りつける出張調理のようなものもある。

仕出しの文化は、外食に「可動化」と「分散化」をもちこみつつある。可動化とは、たとえば外食店が持ち帰りや配達、出前などにシフトするなどの現象である。弁当もこれに含まれる。

会席料理のようなコース料理でも先の出張料理ならば可能である。

分散化もまた、災害が多発する社会や時代に適応する動きである。コロナ禍にあっては、「密」の回避がうるさくいわれる。伝染病は、病原体の種類によらず、人口密度が高ければ大きな流行をもたらす。面積あたりの人口という本来の数字だけではなく、多くの人が一過的に集まるような機会も高い人口密度に相当する。分散化は広い意味で人口密度を下げる動きで、たとえば、キッチンカーや屋台などが適応的に働くだろう。

京都市内は土地が狭く、江戸の「火除《ひよ》け地」のようなわけにはゆかないが、それでも京都御《ぎょ》苑《えん》など、結構な空き地がある。そうした土地を有効に使うとか、あるいは休日の「歩行者天国」を利用してキッチンカーや屋台を並べるなどすれば、窮地に陥る外食店などの救済策にもなるばかりか、新たな京の食文化を牽引《けんいん》する機関車役にもなるだろう。

仕出し屋のなかには、いまなお昔ながらの方法でサービスを提供する店もある。プラスチック製の容器や袋は使わず、昔ながらの「おかもち」や「もろぶた」がいまだ現役の店もある。祇園の喫茶店「ナカタニ」や鯖寿司の「いづう」では、出前にいまも漆塗りのおかもちを使っている。そして、そのことが結果として環境にやさしい対応になっている。こうした店、動きを後押しすることが求められているように思われる。

京の非常食

幾度も述べてきたように、京は、都がおかれてからというもの厄災に見舞われ続けてきた。『方丈記』に描き出された一二世紀末の混乱、応仁の乱以降の動乱（一五～一六世紀）、そして単発的な災害でも慶長伏見地震（一五九六年）、宝永《ほうえい》の大火（一七〇八年）、天明の大火（一七八八年）、そして京都人たちが「どんどん焼け」と呼ぶ蛤《はまぐり》御門《ごもん》の変《へん》（禁門の変）に伴う大火（一八六四年）とくり返されてきた。

そのため、京の街には大災害の被害を最小にとどめる防災・減災の知恵が蓄積されてきた。そしてそのひとつが非常食ではなかったかとわたしは考える。もともと京は食材の乏しい街である。そんなところに、その時代としては最も高い人口密度の街を作ったわけだから、その人口を支える食を準備するにはそれなりの工夫が必要であった。

まずは保存性の高い食材を多く持っていたこと、それから非常時にも働く流通システムを確立していたことだろう。前者については、棒鱈や身欠き鰊などの塩干もの、植物性素材では漬物や干し柿、干し芋、カチグリをはじめとする保存食が開発されてきた。さらには甘露煮など作り置きの食材の備蓄などが、市民の日々の暮らしの中でおこなわれてきた。そして後者については、前述の仕出しなどが大きな役割を果たしてきた。先に外食の中食化と書いたが、そもそも外食と中食が峻別《しゅんべつ》されるようになったのはごく最近のことである。それまでは、二つの業態は未分化で、また相互に行ったり来たりを繰り返してきた。それが京の食のひとつの特徴でもあったように思う。

災害の世紀には、京の街に蓄積されてきた知恵を出し合い、このようなシステムを稼働させて災害時の食のシステムを確立することが求められているように思われる。

災害の際には避難所に避難するのがこれまでのやり方だった。そしてこれまで、避難所で配られる食事が非常食であった。非常時なのだから多少の不便はやむを得ない。みんながそう考えてきたので、非常食は避難のごく初期にはパンと飲み物、やがておにぎりや弁当が出るようになるというパターンが多かったようだ。

だが、これほど災害が頻発するようになると、これからはより多くの人が、より長い時間避難所暮らしを余儀なくされるようになりかねない。ひょっとすると、自宅と避難所の間を行き来するような時代が来るかもしれない。

避難が長引くことで災害関連死が増えるという。よしんば死なずに済んだところで、健康状態の悪化は避けられない。やがては日本人全体の平均寿命が短くなる事態もおきかねない。二一世紀は新たな非常食のあり方を考えるべき世紀でもある。そしてそのヒントは、京の食のなかにあるとわたしは考える。

京都の食文化はどこへゆくのか

明治以降、京都の食文化は二回、大きな変革の時期を経験していまに至る——これが、本書で明らかにしたことのひとつである。いまからざっと一〇〇年ほど前、元号でいえば大正年間のことであった。この時期は日露戦争に端を発するパン文化の大波が京都に押し寄せた時期であったが（一九一〇年代、一〇二ページ）、この時期はまた喫茶店が市中に定着した時期とも重なる。加えて、東華菜館《とうかさいかん》やハマムラの開店などに代表される中華の波が押し寄せた。つまりこの時期は京都に、コムギ、ミルク（乳製品）、油脂、コーヒーなどの新食材が流れ込んだ時期でもあった。

これらの食文化は在来の食文化と融合し、定食屋のようなスタイルの外食文化の興隆をもたらした。洋食屋もその一部である。洋食のブームは全国の大都市に共通のブームではあったが、京都ではとくにその「濃度」が高いように思われる。洋食屋のなかには、ハイカラ洋食弁当を売り出した「レストラン菊水《きくすい》」のように祇園や上七軒《かみしちけん》といった花街近くに展開した店もあったが、いっぽうで「キャピタル東洋亭《とうようてい》」（一八九七年、河原町三条で創業。その後北山に移転）、「のらくろ」（下鴨で創業、二〇二〇年廃業）のように、古くから住宅街にある店もあって、洋食の文化が京の街に浸透していたことがわかる。なお、京の洋食については調べも十分ではなく、今後の研究課題としたい。

そしてこの時期は奇《く》しくも、一〇〇年前におきた第一次世界大戦（一九一四～一八年）、これに起因しておこったスペイン風邪（一九一八～二〇年）の大流行の時期、またはその直後の時期にあたる。戦争やパンデミックが食文化を大きく変えるといわれるが、京都にもまさにそれがおきていたのである。明治時代とともに華々しくデビューした洋食や中華食の文化は、近世までの伝統に基づく和食に大きな刺激を与えたものの、和食の屋台骨を揺るがせたり、あるいは建物自体を倒してしまうような変化はみせなかった。洋食のように、洋の食材と調理の文化が主菜の座に残り、「一汁三菜」の屋台骨は残ったのである。

京の食文化は、その後も大きな変化の波にさらされてきた。第二次世界大戦の統制と直後の食料難という波（一九四〇〜四六年）、そして戦後の新たなグローバル化の波である。京都は、パンやコーヒーの文化などを積極的に受け入れ、また京風中華を定着させるなどして京都に固有の食文化を定着させた。京野菜を積極的に保護し、京料理を進化させ、全国的な和食ブームを牽引した。京都人とその街は、この波をなんとか乗り切り、京都の独自性を守り抜いてきたかにみえる。

一汁三菜の屋台骨はしかし、長期的には衰退傾向にあることがいわれていた。若い世代の日常の食から飯椀と汁椀が姿を消した。そしていまや米飯が食卓から消えようとしている。そして、こうした流れがコロナ禍によって一気に加速した。そして、この流れが京都の街でも止まらなくなりつつある。一時は、一位の座にあったパン食までもが低落気味である。

一九九五年（平成七年）の阪神・淡路大震災のころから、日本列島の災害が増えてきたように感じられる。災害の世紀の再来だろうか。さまざまな災害が頻発するようになると、ひとつの災害からの復旧を待たずに次の災害がやってくる。複合災害である。社会は未来を見通しにくい「不確実な時代」へと突入した。当然、京都の食文化もまたその影響を受けざるを得ない。

そしていま、コロナ禍と戦争がセットになって世界を襲っている。京都の食文化はどこへ向かうであろうか。京都人と京都の街は、この波の先に、どのような食文化を構築してゆくのであろうか。

世界には、長い時間変わらないものと、時流に乗って次々姿を変えてゆくものとがある。変わらないものとは、たとえば「ゆく川の流れ」をいうのであり、また変わりゆくものといえば、川を流れゆく「水」である。この不変なるものと変化するものとは、じつは表裏一体の関係にあり、どちらが真でどちらが偽ということはない。どちらもが真の姿である。

「京都の食文化」はいま、この不変なるものが根底から変わろうとしている時期にある。京という土地に長きにわたって固着してきた人間関係が希薄化し、世界を覆う可動化（モビリゼーション）の波に飲み込まれようとしているかのようだ。現代はそれほどまでに大きな変化を伴う激動の時代なのだろう。「どうしても残さなければならないもの」は何なのだろうか。あるいは「残したいもの」は何だと、京都人は考えているのだろうか。

おわりに

食文化という観点からみれば京都はじつに興味深い街である。狭い市域に、料亭や飲食店、酒・酢・味噌・醬油など発酵食品の製造者、豆腐・麩・湯葉など加工食品のメーカーが多数ある。昔ながらの市場もあれば、寺院や神社も多い。元気のよい農家も健在だ。消費者と生産者の強いつながりもしっかりしている。見て歩き、調査する対象にはことかかない。出歩くうち、京都で食に関わる仕事をしておられる方とのかかわりが増えた。わたしが今在籍している京都府立大学の和食文化学科の学生たちと一緒にあちこちの店や農家を訪ねるフィールドワークの機会もぐんと増えた。

聞き取りをお願いしたほとんどの個人、お店の方がたが異口同音に語られたのが、京の食文化を守りたい、次世代に引き継ぎたいという思いであった。けれどそのことはそれほどに今、京の街で和食はじめ食がやせ細ってきていることを如実に物語っている。

京の食文化と言えば多くの人が和食を思い起こすだろう。むろん京都は和食文化のメッカであるに違いないが、京の街は和食ばかりか、パン屋や中華の店も多い。コーヒーの焙煎や喫茶店の伝統もある。イタリアンの名店もある。そしてそれらはどれも「京都色」をしているのである。

この面白さ、食文化の奥深さに触れて、文章の形にしておきたいというのが、本書を出した動機である。むろん私にその奥深さを語りつくすだけの力があるとも思われない。おそらくは足りない部分、誤った部分もあるだろうと思われる。それらについてはご指摘いただければ幸いである。

稿を草するにあたり、多くの人びとのお世話になった。これまでも出版にあたっては多くの方がたのお世話になったが、本書の場合は、とくに現場の世界におられる多くの方がたに本当にお世話になった。とくに、聞き取りに応じてくださった方がたは、本業の時間を割いて私の質問に答えてくださった。まずその方々にお礼を申し上げたいと思う。具体的なお名前は本文中に記したが、中でも、菊乃井の村田吉弘さんには京料理や周辺のことがらについて、繰り返しお教えを頂いた。なお、お名前を記した方々の肩書はお世話になったときのものをそのまま記してある。

研究者の方がたにもいろいろとお世話になった。大和学園の仲田雅博（京都調理師専門学校長）には原稿の段階で通読いただき、様々なご指摘を頂戴した。京都府立大学の小林《こばやし》啓司《ひろはる》教授、有斐斎弘道館《ゆうひさいこうどうかん》の代表理事である濱崎《はまさき》加奈子《かなこ》さん、太田達さんから頂いた和菓子、茶事などの面でのご示唆も貴重であった。京都府立大学名誉教授の藤目幸廣さんからは、京野菜についてお教えを頂いたほか、故高嶋四郎さんの人となりについてもお教えを頂くことができた。文化庁調査官の大石和男《おおいしかずお》さんからはすぐきについてお教えを頂いた。中央公論新社の中公新書編集部の酒井孝博さんには筆の遅い私を粘り強くお待ちくださり、また本書を世に出す最後のお世話を頂いた。ここに記して感謝の意を表したい。

二〇二二年秋、京都にて

佐藤 洋一郎

引土蔦次郎「山口県都米の原由」『大日本農会報』168、1895
前島正房「種子分与及請求」『大日本農会報』146、1893
前島正房「京早稲」『大日本農会報』151、1894
水本邦彦（編）『京都と京街道――京都・丹波・丹後　街道の日本史32』吉川弘文館、2002

【第3章】
嵐嘉一『日本赤米考』雄山閣出版、1974
嵐嘉一『近世稲作技術史――その立地生態的解析』農山漁村文化協会、1975
飯田知史『七十二候を味わう京料理 =Savouring the seasons through Kyoto cuisine――京料理道楽』光村推古書院、2020
上田純一編『京料理の文化史』思文閣出版、2017
魚谷常吉『精進料理』秋豊園出版部、1936
小畑弘己『タネをまく縄文人――最新科学が覆す農耕の起源』吉川弘文館、2016
川島英子『まんじゅう屋繁盛記――塩瀬の六五〇年』岩波書店、2006
川端知嘉子『御粽司・川端道喜とわたし――小さな暖簾の奥で』淡交社、2020
平野雅章訳『道元 典座教訓・赴粥飯法』（第2版）、徳間書店、1982
八百啓介『砂糖の通った道――菓子から見た社会史』弦書房、2011
横山智『納豆の起源』NHKブックス、2014

【第4章】
奥井隆『昆布と日本人』日本経済新聞出版社、2012
狩野博幸『目をみはる伊藤若冲の「動植綵絵」』小学館、2000
京都食べもの文化研究会編『京都発　旬の野菜をつかって133品』（第4版）、かもがわ出版、1993
佐治政子『おいでやす、おこしやす。――老舗の女将が語る京都の老舗商法』誠文堂新光社、1985
高嶋四郎『京の伝統野菜と旬野菜――歳時記』トンボ出版、2003
辻惟雄『奇想の図譜――からくり・若冲・かざり』平凡社、1989
徳岡孝二『最後の料理人』飛鳥新社、2019
中田昭『鹿ヶ谷住蓮山安楽寺』光村推古書院、2006
濱崎加奈子『京都かがみ』MdNコーポレーション、2021
宮下章『海藻』法政大学出版局、1974
森川裕之『京ぎをん浜作料理教室――四季の御献立』世界文化社、2019
森川裕之『浜作主人が語る京料理の品格 =Grace of Kyoto Dishes』PHP研究所、2017
山田正彦『タネはどうなる!?――種子法廃止と種苗法改定を検証：しのびよるゲノム編集作物の脅威 新装増補版』サイゾー、2021

参考文献

【全般】
鈴木康久・内戸裕行『京都の山と川——「山紫水明」が伝える千年の都』中公新書、2022
村田吉弘『和食のこころ——菊乃井・村田吉弘の〈和食世界遺産〉』世界文化社、2018

【第1章】
尾池和夫『地震（図解雑学）』ナツメ社、2001
雁屋哲（原作）、花咲アキラ（画）『美味しんぼ』3巻、小学館、1985
菊池勇夫『飢饉の社会史』校倉書房、1994
古島敏雄校注『百姓伝記』上巻、岩波文庫、1977
小林善仁「山城国葛野郡天龍寺の境内地処分と関係資料」『鷹陵史学』36、2010
佐竹力総『三百年企業美濃吉と京都商法の教え』商業界、2011
佐藤洋一郎「和食とその文化の地理的多様性」『科学』88巻、岩波書店、2018
佐藤洋一郎『米の日本史』中公新書、2020
武島良成「奈良電気鉄道の澱川橋梁と高架橋の神話」『京都教育大学紀要』No.119、2011
中尾佐助『栽培植物と農耕の起源』岩波新書、1966

【第2章】
井上章一『京都ぎらい』朝日新書、2015
柏井壽『京都力——人を魅了する力の正体』PHP新書、2021
加藤政洋『酒場の京都学』ミネルヴァ書房、2020
姜尚美『京都の中華』幻冬舎文庫、2016
京都新聞出版センター編『京都のラーメンはカルチャーだ。——記憶に残る80杯』京都新聞出版センター、2007
京都府乙訓郡向日町役場「陳情書」1953
草喰なかひがしウェブサイト
総務省統計局「家計調査」
田中慶一『京都喫茶店クロニクル＝KYOTO COFFEE SHOP CHRONICLE——古都に薫るコーヒーの系譜』淡交社、2021
ニュースステーション制作班『久米宏の金曜チェック第2集』角川文庫、1987
農商務省農事試験場『農事試験場特別報告』第25号、1908
パンの明治百年史刊行会編『パンの明治百年史』パンの明治百年史刊行会、1970

佐藤洋一郎（さとう・よういちろう）

1952年，和歌山県生まれ．1979年，京都大学大学院農学研究科修士課程修了．高知大学農学部助手，国立遺伝学研究所研究員，静岡大学農学部助教授，総合地球環境学研究所副所長，大学共同利用機関法人人間文化研究機構理事等を経て，現在，京都府立大学文学部和食文化学科特別専任教授・京都和食文化研究センター副センター長，ふじのくに地球環境史ミュージアム館長．農学博士．第9回松下幸之助花と緑の博覧会記念奨励賞（2001），第7回NHK静岡放送局「あけぼの賞」（2001），第17回濱田青陵賞（2004）受賞．

著書『食の人類史』（中公新書，2016），『米の日本史』（中公新書，2020），『知ろう食べよう世界の米』（岩波ジュニア新書，2012），『食の多様性』（勉誠出版，2014），『稲と米の民族誌』（NHKブックス，2016），『稲の日本史』（角川ソフィア文庫，2018）など多数

京都《きょうと》の食文化《しょくぶんか》
中公新書 2721

2022年10月25日発行

著　者　佐藤洋一郎
発行者　安部順一

本文印刷　三晃印刷
カバー印刷　大熊整美堂
製　本　小泉製本

発行所　中央公論新社
〒100-8152
東京都千代田区大手町1-7-1
電話　販売 03-5299-1730
　　　編集 03-5299-1830
URL https://www.chuko.co.jp/

定価はカバーに表示してあります．
落丁本・乱丁本はお手数ですが小社販売部宛にお送りください．送料小社負担にてお取り替えいたします．

本書の無断複製（コピー）は著作権法上での例外を除き禁じられています．また，代行業者等に依頼してスキャンやデジタル化することは，たとえ個人や家庭内の利用を目的とする場合でも著作権法違反です．

©2022 Yoichiro SATO

Published by CHUOKORON-SHINSHA, INC.
Printed in Japan　ISBN978-4-12-102721-4 C1221

中公新書刊行のことば

一九六二年一一月

いまからちょうど五世紀まえ、グーテンベルクが近代印刷術を発明したとき、書物の大量生産は潜在的可能性を獲得し、いまからちょうど一世紀まえ、世界のおもな文明国で義務教育制度が採用されたとき、書物の大量需要の潜在性が形成された。この二つの潜在性がはげしく現実化したのが現代である。

いまや、書物によって視野を拡大し、変りゆく世界に豊かに対応しようとする強い要求を私たちは抑えることができない。この要求にこたえる義務を、今日の書物は背負っている。だが、その義務は、たんに専門的知識の通俗化をはかることによって果たされるものでもなく、通俗的好奇心にうったえて、いたずらに発行部数の巨大さを誇ることによって果たされるものでもない。現代を真摯に生きようとする読者に、真に知るに価いする知識だけを選びだして提供すること、これが中公新書の最大の目標である。

私たちは、知識として錯覚しているものによってしばしば動かされ、裏切られる。私たちは、作為によってあたえられた知識のうえに生きることがあまりに多く、ゆるぎない事実を通して思索することがあまりにすくない。中公新書が、その一貫した特色として自らに課すものは、この事実のみの持つ無条件の説得力を発揮させることである。現代にあらたな意味を投げかけるべく待機している過去の歴史的事実もまた、中公新書によって数多く発掘されるであろう。

中公新書は、現代を自らの眼で見つめようとする、逞しい知的な読者の活力となることを欲している。

中公新書 RC 1886

日本史

d1

2189 歴史の愉しみ方 磯田道史
2455 日本史の内幕 磯田道史
2295 天災から日本史を読みなおす 磯田道史
2579 米の日本史 佐藤洋一郎
2389 通貨の日本史 高木久史
2321 道路の日本史 武部健一
2494 温泉の日本史 石川理夫
2671 親孝行の日本史 勝又基
2500 日本史の論点 中公新書編集部編
1617 歴代天皇総覧（増補版） 笠原英彦
2302 日本人にとって聖なるものとは何か 上野誠
2619 もののけの日本史 小山聡子
1928 物語 京都の歴史 脇田修 脇田晴子
2345 京都の神社と祭り 本多健一
2654 日本の先史時代 藤尾慎一郎
2709 縄文人と弥生人 坂野徹
482 倭国 岡田英弘
147 騎馬民族国家（改版） 江上波夫
2164 魏志倭人伝の謎を解く 渡邉義浩
1085 古代朝鮮と倭族 鳥越憲三郎
2533 古代日中関係史 河上麻由子
2470 倭の五王 河内春人
2462 大嘗祭―天皇制と日本文化の源流 工藤隆
2095 『古事記』神話の謎を解く 西條勉
1502 日本書紀の謎を解く 森博達
2362 六国史《りっこくし》―日本書紀に始まる古代の「正史」 遠藤慶太
2673 国造―大和政権と地方豪族 篠川賢
804 蝦夷《えみし》 高橋崇
1041 蝦夷《えみし》の末裔 高橋崇
2699 大化改新（新版） 遠山美都男
1293 壬申の乱 遠山美都男
2636 古代日本の官僚 虎尾達哉
1568 天皇誕生 遠山美都男
2371 カラー版 古代飛鳥を歩く 千田稔
2168 飛鳥の木簡―古代史の新たな解明 市大樹
2353 蘇我氏―古代豪族の興亡 倉本一宏
2464 藤原氏―権力中枢の一族 倉本一宏
2563 持統天皇 瀧浪貞子
2457 光明皇后 瀧浪貞子
2648 藤原仲麻呂 仁藤敦史
2452 斎宮―伊勢斎王たちの生きた古代史 榎村寛之
2441 大伴家持 藤井一二
2510 公卿《くぎょう》会議―論戦する宮廷貴族たち 美川圭
2536 天皇の装束 近藤好和
2559 菅原道真 滝川幸司
2281 怨霊とは何か 山田雄司
2662 荘園 伊藤俊一

自然・生物

- 2305 生物多様性　本川達雄
- 2414 入門！進化生物学　小原嘉明
- 2433 すごい進化　鈴木紀之
- 1647 言語の脳科学　酒井邦嘉
- 2656 本能―遺伝子に刻まれた驚異の知恵　小原嘉明
- 1709 親指はなぜ太いのか　島泰三
- 1087 ゾウの時間 ネズミの時間　本川達雄
- 2419 ウニはすごい バッタもすごい　本川達雄
- 2677 エビはすごい カニもすごい　矢野勲
- 877 カラスはどれほど賢いか　唐沢孝一
- 2485 カラー版 目からウロコの自然観察　唐沢孝一
- 1860 昆虫―驚異の微小脳　水波誠
- 2693 カラー版 クモの世界―糸をあやつる8本脚の狩人　浅間茂
- 2539 カラー版 虫や鳥が見ている世界―紫外線写真が明かす生存戦略　浅間茂
- 2259 カラー版 スキマの植物図鑑　塚谷裕一
- 1706 ふしぎの植物学　田中修
- 1890 雑草のはなし　田中修
- 2174 植物はすごい　田中修
- 2328 植物はすごい 七不思議篇　田中修
- 2491 植物のひみつ　田中修
- 2644 植物のいのち　田中修
- 2589 新種の発見　岡西政典
- 2572 日本の品種はすごい　竹下大学
- 1769 苔の話　秋山弘之
- 939 発酵　小泉武夫
- 2408 醤油・味噌・酢はすごい　小泉武夫
- 348 水と緑と土（改版）　富山和子
- 2672 南極の氷に何が起きているか　杉山慎
- 1922 地震の日本史（増補版）　寒川旭

地域・文化・紀行

t1

285 日本人と日本文化 司馬遼太郎 ドナルド・キーン
605 絵巻物に見る日本庶民生活誌 宮本常一
201 照葉樹林文化 上山春平編
799 沖縄の歴史と文化 外間守善
2711 京都の山と川 鈴木康久 肉戸裕行
2298 四国遍路 森 正人
2151 国土と日本人 大石久和
2487 カラー版 ふしぎな県境 西村まさゆき
1810 日本の庭園 進士五十八
2633 日本の歴史的建造物 光井 渉
2511 外国人が見た日本 内田宗治
1009 トルコのもう一つの顔 小島剛一
2032 ハプスブルク三都物語 河野純一
2183 アイルランド紀行 栩木伸明
1670 ドイツ 町から町へ 池内 紀
1742 ひとり旅は楽し 池内 紀
2023 東京ひとり散歩 池内 紀
2118 今夜もひとり居酒屋 池内 紀
2331 カラー版 廃線紀行―もうひとつの鉄道旅 梯 久美子
2290 酒場詩人の流儀 吉田 類
2472 酒は人の上に人を造らず 吉田 類
2690 北海道を味わう 小泉武夫
2721 京都の食文化 佐藤洋一郎

地域・文化・紀行

t 2

- 560 文化人類学入門（増補改訂版） 祖父江孝男
- 2315 南方熊楠《みなかたくまぐす》 唐澤太輔
- 2367 食の人類史 佐藤洋一郎
- 92 肉食の思想 鯖田豊之
- 2129 カラー版 地図と愉しむ東京歴史散歩 竹内正浩
- 2170 カラー版 地図と愉しむ東京歴史散歩 都心の謎篇 竹内正浩
- 2227 カラー版 地図と愉しむ東京歴史散歩 地形篇 竹内正浩
- 2346 カラー版 地図と愉しむ東京歴史散歩 お屋敷のすべて篇 竹内正浩
- 2403 カラー版 地図と愉しむ東京歴史散歩 地下の秘密篇 竹内正浩
- 2327 カラー版 イースター島を行く 野村哲也
- 2092 カラー版 パタゴニアを行く 野村哲也
- 1869 カラー版 将棋駒の世界 増山雅人
- 2117 物語 食の文化 北岡正三郎
- 596 茶の世界史（改版） 角山栄
- 1930 ジャガイモの世界史 伊藤章治
- 2088 チョコレートの世界史 武田尚子
- 2361 トウガラシの世界史 山本紀夫
- 2229 真珠の世界史 山田篤美
- 1095 コーヒーが廻り世界史が廻る 臼井隆一郎
- 1974 毒と薬の世界史 船山信次
- 2391 競馬の世界史 本村凌二
- 650 風景学入門 中村良夫
- 2344 水中考古学 井上たかひこ